Exerçons-nous

Vocabulaire Illustré

350 exercices – Niveau débutant

HACHETTE

Français langue étrangère

43, quai de Grenelle, 75905 Paris Cedex 15.

Maquette de couverture : Version Originale
Illustrations : Sven Nordqvist

ISBN : 978-2-01-019861-8

© HACHETTE, 1992, pour la nouvelle édition
© HACHETTE, 1988, 43, quai de Grenelle, 75905 Paris Cedex.

© 1986 Dominique Filpa-Ekvall et Francis Prouillac pour la 1re partie.
Publié pour la première fois par Kursverksamhetens förlag, Lund, Suède.
D'après l'ouvrage original *Start Testing Your Vocabulary* de Peter Watcyn-Jones.
© 1987 Dominique Filpa-Ekvall, Francis Prouillac et Peter Watcyn-Jones pour la 2e partie. Publié pour la première fois par Kursverksamhetens förlag, Lund, Suède.

Préface

Le VOCABULAIRE ILLUSTRÉ se compose de deux parties comprenant chacune différents exercices d'apprentissage, de révision et d'élargissement du vocabulaire français.

La première partie du VOCABULAIRE ILLUSTRÉ est destiné à des élèves de français langue étrangère de niveau élémentaire. Elle porte sur 750 mots.

La deuxième partie aborde le vocabulaire de niveau intermédiaire, environ 600 mots utiles et fréquents. Aux exercices d'apprentissage correspondent autant d'exercices de révision, rassemblés à la fin de l'ouvrage.

Afin de rendre le travail à la fois amusant et stimulant, les exercices sont très variés. Dans le but de faciliter l'apprentissage, nous avons, dans la mesure du possible, rassemblé les exercices par thèmes, par exemple la nourriture, les sports, les outils, la famille, les ustensiles de cuisine, les animaux, etc. Un certain nombres d'exercices portent sur des verbes, des adjectifs et des adverbes courants. pour d'autres, il s'agit de trouver des synonymes, le contraire, la bonne préposition, le mot correct, etc.

Le VOCABULAIRE ILLUSTRÉ est un excellent complément aux manuels de français langue étrangère et peut aussi bien s'employer dans l'enseignement pour les jeunes (collèges et lycées) que dans l'enseignement pour les adultes.

Le but de ce livre est d'aider les élèves à se constituer un vocabulaire de base.

Les corrigés font l'objet d'un volume à part.

Comment utiliser les exercices ?

Même si l'on a une mémoire photographique, il est peu probable qu'on se souvienne de tous les mots. C'est pourquoi il est important de s'entraîner plusieurs fois afin de « fixer » les mots nouveaux. Vous pouvez le faire de la façon suivante :

1. Lisez la consigne, faites l'exercice et écrivez les réponses au crayon.
2. Contrôlez ensuite les réponses et corrigez les erreurs éventuelles.
3. Refaites l'exercice en notant bien vos fautes.
4. Essayez encore une fois de refaire l'exercice soit en cachant les réponses (par exemple les exercices à images), soit en vous faisant interroger par quelqu'un. Refaites-le jusqu'à ce que vous ayez retenu tous les mots.
5. Effacez les réponses.
6. Refaites l'exercice une semaine plus tard. Vous serez étonné du résultat.

Les auteurs

Table des matières

Première partie

Dominique FILPA-EKVALL
et Francis PROUILLAC

1 Fruits

Écrivez le numéro de chaque dessin en face du mot qui convient.

un abricot	....	des mûres (f)	....	une poire	....
une cerise	....	des oranges (f)	....	une pomme	....
une fraise	....	un pamplemousse	....	une prune	....
une framboise	....	une pêche	....	du raisin	....

2 / Verbes (1)

Complétez les phrases suivantes avec les verbes qui conviennent.

aller	étudier	parler
arriver	faire	partir
connaître	finir	prendre
dire	fumer	savoir
écrire	mettre	vouloir

1. Bernard n'a pas d'appétit. Il ne peut pas .... son assiette.

2. Il est toujours très utile de .... plusieurs langues.

3. Quand il fait froid, il faut .... des vêtements chauds.

4. Henri aide beaucoup sa femme mais il n'aime pas .... la vaisselle.

5. Brigitte ne regarde pas la télévision. Elle préfère .... ses leçons.

6. ...., c'est pouvoir.

7. Les gens ne veulent plus ...., ils préfèrent téléphoner.

8. Après un match, ... une douche, c'est très relaxant.

9. .... la grammaire, c'est une chose, ... l'utiliser, c'est autre chose.

10. .... est mauvais pour la santé.

11. Pourriez-vous me .... où se trouve la rue Balzac ?

12. C'est dimanche. Il fait beau. Je voudrais .... à la campagne.

13. À quelle heure peux-tu .... chez moi ?

14. Je dois .... pour Reims vendredi.

 **3** *Contraires (1) : Adjectifs*

*É*crivez ci-dessous le contraire de chaque adjectif en choisissant dans la liste de droite.

Adjectifs	Contraires
1. beau	....
2. bon	....
3. chaud	....
4. cher	....
5. clair	....
6. difficile	....
7. dur	....
8. grand	....
9. gros	....
10. haut	....
11. jeune	....
12. joyeux	....
13. léger	....
14. long	....
15. mouillé	....
16. nouveau	....
17. ouvert	....
18. plein	....
19. rapide	....
20. riche	....

fermé

vieux

pauvre

mauvais

sec

lent

petit

bas

froid

vide

mou

maigre

court

bon marché

foncé

lourd

laid

triste

facile

ancien

4 Aujourd'hui, hier et demain

Regardez le calendrier suivant et remplissez les espaces avec les expressions ci-dessous.

MAI 4 h 32 à 19 h 04	5 L Ste Judith	12 L St Achille	19 L St Yves	26 L St Bérenger
	6 M Ste Prudence	13 M Ste Rolande	20 M St Bernardin	27 M St August. de C.
	7 M Ste Gisèle	14 M St Matthias	21 M St Constantin	28 M St Germain
1 J **F. DU TRAVAIL**	8 J **V. 45 ASCENS.**	15 J Ste Denise	22 J St Émile	29 J St Aymar
2 V St Boris	9 V St Pacôme	16 V St Honoré	23 V St Didier	30 V St Ferdinand
3 S St Philippe, Jacq.	10 S Ste Solange	17 S St Pascal	24 S St Donatien	31 S Visit. de la Ste Vierge
4 D St Sylvain	11 D **Fête Jeanne d'Arc**	18 D **PENTECÔTE**	25 D **F. des Mères - Trin.**	

après-demain	ce soir	hier
aujourd'hui	cet après-midi	hier soir
avant-hier	demain	vendredi dernier
ce matin	demain après-midi	vendredi prochain

1. ...., c'est vendredi.
        (le 16 mai)

2. Je me marie ....
        (le 17 mai)

3. Je suis allé à Paris ....
        (le 15 mai)

4. Est-ce que vous allez chez Pierre .... ?
        (le 23 mai)

5. Je vais au théâtre ....
        (le 16 mai à 21 heures)

6. Mes parents viennent me voir ....
        (le 18 mai)

7. Je vais à Strasbourg ....
        (le 17 mai à 13 heures)

8. Ma sœur est venue me voir ....
        (le 9 mai)

9. Est-ce qu'on joue au tennis .... ?
        (le 16 mai à 14 heures)

10. Il y avait un bon film à la télévision ....
        (le 15 mai à 20 h 30)

11. J'ai reçu une lettre de mon frère ....
        (le 16 mai à 8 h 30)

12. J'ai acheté une nouvelle voiture ....
        (le 14 mai)

Regardez les dessins et complétez les phrases ci-dessous par les prépositions qui conviennent. N'utilisez chaque préposition qu'une seule fois.

à	devant	par
à côté	en face de	sous
dans	entre	sur
derrière		

La poste se trouve .... la bibliothèque et la banque.

Le lion est .... la cage.

Le chat est .... le lit.

La voiture est garée .... la cabine téléphonique.

Il se cache .... un arbre.

La rivière coule .... le pont.

Le chien dort ....
la cheminée.

Le cinéma est ....
du restaurant.

Il y a un homme ....
la fenêtre.

Ils rentrent chez eux ....
le parc.

6 | Légumes

Écrivez le numéro de chaque dessin en face du mot qui convient.

un artichaut	....	un chou-fleur	....	des petits pois (m)	....
des asperges (f)	....	des choux de		un poireau	....
une aubergine	....	Bruxelles (m)	....	des pommes de	
une betterave	....	un concombre	....	terre (f)	....
des carottes (f)	....	une courgette	....	un radis	....
du céleri	....	des haricots verts (m)	....	une tomate	....
un chou	....	une laitue	....		

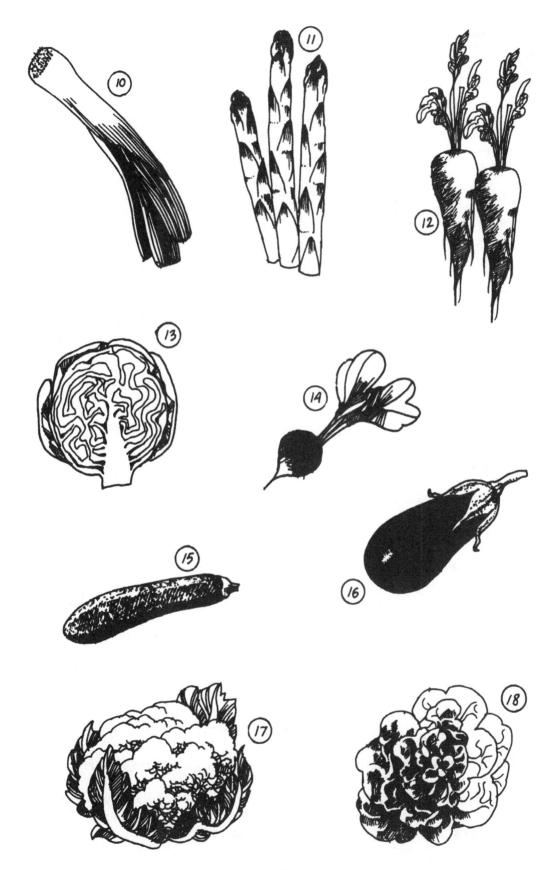

7 Verbes (2)

Complétez les phrases suivantes avec les verbes qui conviennent au présent.

acheter	chercher	manger
admirer	commencer	payer
adorer	écouter	préférer
changer	embrasser	regarder
chanter	espérer	travailler

1. Dépêche-toi ! Le film .... dans dix minutes.

2. Mon mari .... chez Peugeot.

3. Les Suédois pensent qu'ils .... trop d'impôts.

4. Ma mère .... toujours ses fruits au marché.

5. Les Français .... pendant les repas de mariage.

6. Beaucoup de gens .... la radio sur la plage.

7. En France, il n'y a pas beaucoup d'hommes politiques que j'.........................

8. Les Marseillais .... le pastis au whisky.

9. Maurice ne .... pas la télévision ; il étudie ses leçons.

10. Les Français s'..................................... souvent lorsqu'ils se rencontrent.

11. Les habitants du Périgord .... des truffes à l'aide de leurs chiens.

12. J'..................................... que tu te sens mieux maintenant, Brigitte.

13. Pour aller à notre travail, nous .... trois fois de métro.

14. Les Français .... beaucoup de chocolats pour Noël.

15. Les Parisiens .... aller au café.

8 Pays : Mots croisés

Complétez les mots croisés suivants. Chaque réponse est un pays.

Horizontalement

3. Il est danois. Il vient du …
8. Il a un ranch au Texas. Il habite aux …
11. Il est espagnol. Il habite en …
12. Il vient de Pékin. Il habite en …
13. Wolfgang habite Vienne, en …
15. Matti aime aller au sauna. Il vient de …
17. Ils sont allemands. Ils habitent en …
18. Ragnhild habite à Oslo, en …

Verticalement

1. Marie habite à Amsterdam, aux …
2. Il est grec. Il habite en …
4. Il est né à Lisbonne, au …
5. Raymond a beaucoup d'argent à Genève. Il habite en …
6. Gabriella est milanaise. Elle vit en …
9. Elle est suédoise. Elle vient de …
10. Il habite à Bruxelles, en …
12. Il vit au Québec, au …
14. John vient de Manchester, en …
16. Il habite Tokyo, au …

Contraires (2) : Encore des adjectifs

*É*crivez ci-dessous le contraire de chaque adjectif en choisissant dans la liste de droite.

Adjectifs	Contraires	
1. allumé	....	éveillé
2. autorisé	....	éteint
3. blond	....	vert
4. courageux	....	paresseux
5. cuit	....	faible
6. endormi	....	bête, stupide
7. fort	....	interdit
8. généreux	....	privé
9. intelligent	....	antipathique
10. vrai	....	étroit
11. large	....	avare
12. mort	....	lâche
13. mûr	....	lointain
14. proche	....	brun
15. propre	....	vivant
16. public	....	sale
17. silencieux	....	bas
18. sympathique	....	bruyant
19. haut	....	cru
20. travailleur	....	faux

Nourriture et boissons

*É*crivez le numéro de chaque dessin en face du mot qui convient.

une baguette	un express	du pâté
un ballon de rouge	des frites (f)	un rôti de porc
du beurre	du fromage	un saucisson
une crème caramel	une limonade	une tarte aux pommes

11 Verbes (3)

Complétez les phrases suivantes avec les verbes qui conviennent au présent.

accomplir	coûter	jouer
aider	essayer	obéir
avancer	grandir	punir
bâtir	guérir	réfléchir
choisir	habiter	venir

1. Les Français ………………………… souvent l'Espagne pour partir en vacances.

2. Les enfants bien élevés ………………………… toujours à leurs parents.

3. Michèle a seize ans. Elle ne ………………………… plus.

4. La Croix Rouge ………………………… une action humanitaire en Afrique.

5. Donne-moi l'heure exacte. Je crois que ma montre …………………………

6. Ma sœur ………………………… dans le centre de Paris.

7. Mon mari m'………………………… toujours à la maison.

8. Est-ce que votre professeur vous ………………………… si vous ne travaillez pas ?

9. Vous ………………………… du piano ?

10. J'………………………… de faire mes devoirs chaque semaine, mais je n'ai pas toujours le temps.

11. La France ………………………… sa réputation sur ses parfums et ses vins.

12. Ces melons sont très bons. Ils ………………………… du Midi.

13. On ne ………………………… jamais assez avant de se marier.

14. Combien ………………………… une bouteille de champagne en France ?

15. L'homéopathie ………………………… certaines maladies.

 **12** *Prépositions (2) de temps*

Complétez les phrases suivantes avec les prépositions qui conviennent.

à	depuis	pendant	
dans	en	pour	Il y a

1. .... quand habitez-vous à Grenoble ?

2. .... quelle heure commence le concert ?

3. J'ai fait la route Paris-Orléans .... deux heures.

4. .... deux mois il passe ses examens.

5. Sa grand-mère est morte .... un mois aujourd'hui.

6. Il est né .... la guerre.

7. Dans une semaine je partirai à Paris .... un mois.

8. Mon frère est furieux. Il t'attend .... quatre heures et demie.

9. Le Concorde fait Paris-New York .... trois heures.

10. Le film commence .... 15 heures.

11. .... un an Élisabeth sera étudiante.

12. .... trois ans que j'apprends le français.

13. La neige est restée .... deux mois.

14. Qu'est-ce que tu fais à manger .... ce soir ?

13 Choisissez le mot qui convient (1)

Complétez les phrases suivantes :

1. Est-ce que vous voulez .... café ?
   (a) *de*   (b) *du*   (c) *de la*

2. Paul ne boit pas .... bière.
   (a) *du*   (b) *de la*   (c) *de*

3. Tous les jours, Jacques achète son paquet .... cigarettes.
   (a) *des*   (b) *de*   (c) *les*

4. Michel .... seize ans.
   (a) *est*   (b) *a*   (c) *as*

5. Jean est malade. Il ne veut .... manger.
   (a) *quelque chose*   (b) *rien*   (c) *aucun*

6. Je ne connais .... à Paris.
   (a) *quelqu'un*   (b) *personne*   (c) *pas*

7. Tu as .... à manger ?
   (a) *quelque chose*   (b) *rien*   (c) *personne*

8. Est-ce que je peux .... votre livre ?
   (a) *prêter*   (b) *emprunter*   (c) *louer*

9. Je vais en Bretagne cet été. Je .... une villa au bord de la mer.
   (a) *loue*   (b) *emprunte*   (c) *prête*

10. .... beaucoup de monde à la banque.
    (a) *Il y a*   (b) *C'est*   (c) *Ce sont*

11. Beaucoup de .... aiment camper.
    (a) *monde*   (b) *peuple*   (c) *gens*

12. En général, je vais au concert ....
    (a) *mercredi*   (b) *le mercredi*   (c) *mercredi prochain*

13. Je suis né .... juin.
    (a) *à*   (b) *au*   (c) *en*

14. — Nous nous marions le mois prochain.

   — .... !

   (a) *Félicitations*   (b) *Santé*   (c) *À vos souhaits*

15. — Bonnes vacances !

   — Merci, ...

   (a) *la même chose*   (b) *la même*   (c) *à vous aussi*

16. Tes .... sont vraiment trop longs. Va chez le coiffeur !

   (a) *chevaux*   (b) *cheveux*   (c) *chèvres*

17. J'ai écouté .... intéressante sur le Festival d'Avignon sur France Culture.

   (a) *une émission*   (b) *un programme*   (c) *une séquence*

18. Appelle le ...., je vais payer les consommations.

   (a) *servant*   (b) *serviteur*   (c) *serveur*

19. Les Américains ont beaucoup de .... de télévision.

   (a) *canaux*   (b) *chaînes*   (c) *canards*

20. Je prends toujours des diapositives avec ....

   (a) *mon appareil photo*   (b) *ma caméra*   (c) *ma pellicule*

*É*crivez le numéro de chaque dessin en face du mot qui convient.

un agent de police	....	une gardienne/concierge	....
un agriculteur	....	une infirmière	....
une dactylo	....	un médecin	....
un dentiste	....	un prêtre	....
un facteur	....	une secrétaire	....
un garçon de café/un serveur	....	un vendeur	....

Complétez le dialogue à l'aide des mots suivants.

à côté	l'essayer	peux
combien	un gilet	portefeuille
comment	merci	prends
une couleur	mets	s'il vous plaît
crois	où	taille

Le vendeur   Je .... vous aider ?

La cliente   Oui, ... Je voudrais voir ....

Le vendeur   Bien, madame. Quelle .... faites-vous ?

La cliente   Du 38, je ....

Le vendeur   Vous voulez .... particulière ?

La cliente   Oui, bleu si possible.

Le vendeur   Que pensez-vous de celui-ci ?

La cliente   Il me plaît. .... coûte-t-il ?

Le vendeur   Il fait 350 F. Voulez-vous .... ?

La cliente   Oui, volontiers.

Le vendeur   La cabine est ....

La cliente   Ah ! Je vois, merci.
(Elle l'essaye)

Le vendeur   .... vous va-t-il ?

La cliente   Il est parfait. Je le ....

Le vendeur   Très bien. Je vous le .... dans un sac.

La cliente   .... Bon, ... est mon

.... maintenant ?

24

 ## La maison (1) : Extérieur

Écrivez les chiffres de 1 à 13 en face du mot qui convient.

l'arbre (m)	....	la fenêtre	....	le portail	....
le balcon	....	le garage	....	la porte	....
le chemin	....	le jardin	....	le toit	....
la cheminée	....	le mur	....	les volets (m)	....
la clôture	....				

17 Verbes (4)

Complétez les phrases suivantes avec les verbes qui conviennent au présent.

apprendre	descendre	penser
attendre	entendre	perdre
camper	laisser	répondre
casser	laver	vendre
défendre	montrer	visiter

1. « Monsieur, vous ne .... pas à ma question. »

2. Les parents prudents ne .... pas les enfants traverser seuls la rue.

3. Est-ce que vous .... qu'il est difficile d'apprendre le français ?

4. Je .... toujours le Salon de l'auto à Paris.

5. Les enfants .... plus vite que les adultes.

6. Je .... ma voiture pour acheter une moto.

7. Vous .... ce petit bruit ?

8. Où est Charles ? Il .... sa moto à Francis.

9. Je .... toujours quand je joue au tennis avec Marie.

10. Les voyageurs .... le train sur le quai de la gare.

11. Vous .... à pied ou vous prenez l'ascenseur ?

12. Je ne laisse jamais la femme de ménage faire la vaisselle car elle ....
    tout.

13. Beaucoup de Français .... leur voiture le dimanche.

14. L'armée .... les frontières du pays.

15. Mon mari et moi .... souvent en forêt le week-end.

 **18** La maison (2) : Intérieur

*É*crivez les chiffres de 1 à 15 en face du mot qui convient.

en bas/le rez-de-chaussée	....	le palier	....
la cave	....	le plafond	....
la chambre	....	la salle à manger	....
la cuisine	....	la salle de bains	....
l'entrée (f)	....	le salon	....
l'escalier (m)	....	le sol	....
le grenier	....	les toilettes (f)	....
en haut/l'étage (m)	....		

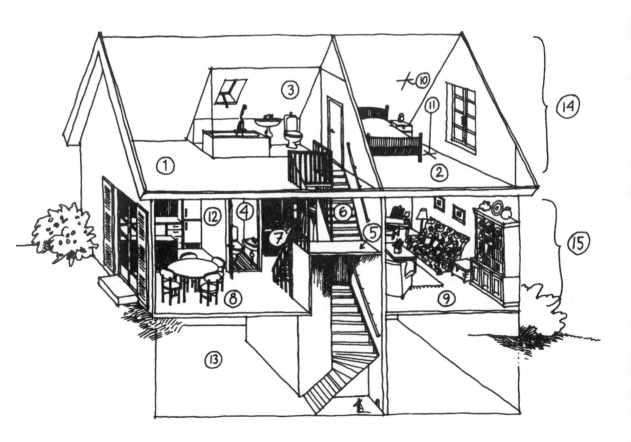

19 Magasins (1)

Vous allez acheter ou faire quelque chose. Quoi et où ? Faites des paires.

Vous voulez	**Vous allez**	
1. une paire de chaussures ou de bottes	....	dans une agence de voyages
2. des médicaments	....	à la banque
3. du poisson ou des crustacés	....	chez le bijoutier
4. de la viande	....	chez le boucher
5. une permanente	....	dans une boulangerie-pâtisserie
6. de la salade, des oranges	....	dans un bureau de tabac
7. du beurre, du fromage	....	dans un café
8. un bouquet de roses	....	chez le coiffeur
9. un journal, une revue	....	à l'épicerie
10. des cigarettes, des allumettes, des stylos	....	chez le fleuriste
11. du pain, des gâteaux	....	au kiosque à journaux
12. un thé, un apéritif	....	dans une laverie automatique
13. une semaine à la mer	....	dans une librairie
14. des timbres	....	dans un magasin de chaussures
15. un lit, un canapé	....	dans un magasin de meubles

16. une montre,
    une alliance   ....

17. encaisser un chèque   ....

18. des lunettes   ....

19. acheter un livre   ....

20. faire la lessive   ....

chez le marchand
de primeurs

chez l'opticien

à la pharmacie

à la poissonnerie

à la poste

20 Métiers (2)

*É*crivez le numéro de chaque dessin en face du mot qui convient.

une actrice	....	un gendarme	....
un chauffeur de taxi	....	un instituteur	....
une coiffeuse	....	un mannequin	....
un cuisinier	....	un mécanicien	....
un employé de banque	....	une opticienne	....
une femme d'affaires	....	un pompier	....

7

8

9

10

11

12

 **21** *Contraires (3) : Verbes*

*É*crivez ci-dessous le contraire de chaque verbe en choisissant dans la liste de droite.

Verbes	Contraires	
1. accepter	....	répondre
2. allumer	....	acheter
3. aimer	....	sortir
4. arriver	....	refuser
5. commencer	....	partir
6. se coucher	....	fermer
7. demander	....	économiser
8. dépenser	....	oublier
9. donner	....	haïr, détester
10. emprunter	....	se lever
11. entrer	....	perdre
12. gagner	....	éteindre
13. mourir	....	naître
14. ouvrir	....	interdire
15. parler	....	finir
16. perdre	....	pleurer
17. permettre	....	prendre
18. se rappeler	....	se taire
19. rire	....	trouver
20. vendre	....	prêter

22 Verbes (5)

Complétez les phrases suivantes avec les verbes qui conviennent au présent.

conduire	décider	pouvoir
connaître	épeler	proposer
courir	lire	regretter
croire	mentir	sentir
cuire	nager	suivre

1. « Je ne .... rien » est une célèbre chanson d'Édith Piaf.

2. Est-ce que tu .... m'aider à porter ma valise ?

3. Je vous .... d'arrêter maintenant. Il est tard.

4. À Paris les taxis .... comme des fous.

5. La viande de porc .... plus longtemps que la viande de bœuf.

6. À huit ans elle .... déjà comme un poisson.

7. Ce bouquet de roses .... très bon.

8. Je ne .... pas en la politique du Président.

9. Jacques est nouveau dans cette ville. Il ne .... personne.

10. Le chasseur .... son chien quand il marche dans la campagne.

11. Vous dites la vérité ? Vous ne .... pas ?

12. Est-ce que tu .... vite ?
    Plus maintenant, je fume trop.

13. C'est ma femme qui .... toujours où on part en vacances.

14. Je vous .... mon nom parce qu'il est un peu difficile.

15. Tu .... *le Monde* tous les jours ?

23 Comment sont-ils ?

Regardez les dessins suivants et complétez avec les mots qui manquent.

confortable	gêné	nerveux
enceinte	heureuse	soucieux
fatigué	juste	terrorisé
gelée	malade	triste

Elle est ....

C'est ....

Il est ....

Elle est ....

Il est ....

Il est ....

Elle est ....

C'est ....

Il est ....

Il est ....

Il est ....

Il est ....

24 La maison (3) : Dans la cuisine

*É*crivez les chiffres de 1 à 19 en face du mot qui convient.

des assiettes (f)	....	une étagère	....	un réfrigérateur	....
une carafe	....	un évier	....	un robinet	....
une casserole	....	des fourchettes (f)	....	des soucoupes (f)	....
un congélateur	....	des verres (m)	....	des tasses (f)	....
des couteaux (m)	....	un lave-vaisselle	....	un tiroir	....
des cuillères (f)	....	un placard	....		
une cuisinière	....	une poêle	....		

25 Classifications (1)

En face de chaque série écrivez le mot qui correspond en choisissant dans la liste ci-dessous.

animaux	fruits	oiseaux
bâtiments	insectes	poissons
famille	légumes	vêtements
fleurs	meubles	viandes

1. chemise, jupe, manteau, robe ....

2. chien, cochon, renard, tigre ....

3. jonquille, lis, rose, tulipe ....

4. canapé, chaise, commode, lit ....

5. cabillaud, hareng, saumon, truite ....

6. cousin, épouse, grand-père, neveu ....

7. abeille, mouche, moustique, scarabée ....

8. hibou, hirondelle, moineau, pigeon ....

9. ananas, cerise, pêche, pruneau ....

10. agneau, bœuf, porc, veau ....

11. artichaut, asperge, chou, oignon ....

12. château, église, hôpital, musée ....

26 Le visage

En vous aidant du dessin, écrivez en face de chaque nom le numéro qui convient.

la bouche	....	la mâchoire	....
les cheveux (m)	....	le menton	....
les cils (m)	....	le nez	....
la dent	....	l'œil (les yeux) (m)	....
le front	....	l'oreille (f)	....
la joue	....	le sourcil	....
la langue	....	les taches de rousseur (f)	....
la lèvre	....		

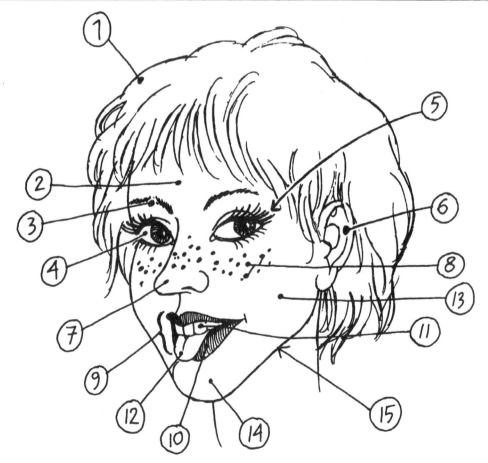

 **27** *Choisissez le mot qui convient (2)*

*C*omplétez les phrases suivantes.

1. Nous habitons un appartement de quatre ....
   (a) *salles*   (b) *pièces*   (c) *chambres*

2. Je voudrais un(e) .... de gâteau.
   (a) *morceau*   (b) *pièce*   (c) *partie*

3. Pardon, monsieur, vous avez ...., s'il vous plaît ?
   (a) *des allumettes*   (b) *de la lumière*   (c) *du feu*

4. Parfois l'été, ... est insupportable.
   (a) *le froid*   (b) *le chauffage*   (c) *la chaleur*

5. Mon fils .... son examen la semaine prochaine.
   (a) *passe*   (b) *prend*   (c) *fait*

6. Vous n'êtes pas malade, ... ?
   (a) *j'espère*   (b) *je crois*   (c) *je dis*

7. Marie fait .... l'eau pour le café.
   (a) *cuire*   (b) *frire*   (c) *bouillir*

8. Je .... toujours par le train.
   (a) *travaille*   (b) *voyage*   (c) *prends*

9. Pierre .... à son travail.
   (a) *va en voiture*   (b) *conduit*   (c) *roule*

10. L'été prochain, nous .... pour la Grèce.
    (a) *volons*   (b) *marchons*   (c) *prenons l'avion*

11. Beaucoup de Français .... un club de sport.
    (a) *partagent*   (b) *participent*   (c) *font partie d'*

12. Cet élève .... le français depuis dix ans.
    (a) *enseigne*   (b) *apprend*   (c) *lit*

13. J'ai .... des cours d'espagnol il y a sept ans.
    (a) *attendu*   (b) *assisté*   (c) *suivi*

14. Les vacances de Pâques commencent ....
    (a) *la prochaine semaine*   (b) *la semaine d'avant*   (c) *la semaine prochaine*

28 Verbes (6)

Complétez les phrases suivantes avec les verbes qui conviennent au présent.

s'arrêter	se dépêcher	se marier
s'appeler	se doucher	se promener
s'asseoir	se garer	se réveiller
se baigner	s'habiller	se reposer
se coucher	se lever	se souvenir

1. Ma sœur .... la semaine prochaine avec son fiancé.

2. Quand je ne trouve pas de place rue Saint-Honoré, je ....
   sur le trottoir.

3. Vous .... de votre premier amour ?

4. Vous .... tous les matins ?

5. Ne dérange pas ma tante. Elle .... dans sa chambre.

6. Nous sommes très fatigués. Nous .... trop tard le soir.

7. Les ministres .... toujours après le Président.

8. Je .... à 6 heures mais je reste au lit pour lire le journal.

9. Ma femme .... toujours après le petit déjeuner.

10. En France certains automobilistes ne .... pas au feu rouge.

11. On .... à quelle heure demain matin ? À 7 heures.

12. Vous .... comment ? — Dominique.

13. Tu .... ? Je suis pressé.

14. Nous aimons prendre l'air. Nous .... trois heures tous les
    dimanches à la campagne.

15. L'été je .... deux fois par jour à la plage.

29 | Le corps

En vous aidant du dessin, écrivez le mot correct en face de chacun des mots.

le bras	....
le cou	....
le coude	....
le derrière / les fesses (f)	....
le doigt	....
le dos	....
l'épaule (f)	....
le genou	....
la hanche	....
la jambe	....
la main	....
l'orteil (m)	....
le pied	....
la poitrine	....
la tête	....

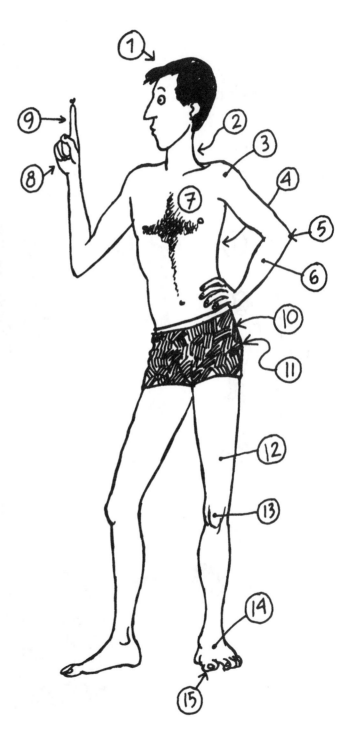

30 | Sports et passe-temps (1)

*É*crivez le numéro de chaque dessin en face du mot qui convient.

l'alpinisme (m)	....	la photographie	....
l'athlétisme (m)	....	la peinture	....
les boules/la pétanque	....	le ping-pong/le tennis de table	....
le cyclisme	....	la poterie	....
les échecs (m)	....	le ski alpin	....
la natation	....	la voile	....

43

 **31** *Contraires (4) : Mots divers*

*C*omplétez *les phrases suivantes avec un mot qui soit le contraire de celui écrit* **en caractères gras**. *Choisissez dans la liste ci-dessous.*

adulte	célibataire	en bonne santé	plus mal
à la campagne	dernière	loin de	rarement
après	derrière	nulle part	rien
bon marché	du bas	personne	toujours

1. **Tout le monde** aime Jacques, mais .... n'aime Pierre.

2. Je vais **souvent** au cinéma, mais je vais .... au théâtre.

3. Vous êtes **marié** ou .... ?

4. Robert ne se lève **jamais** avant 9 heures et demie, aussi je ne suis pas surpris qu'il soit .... en retard à son travail.

5. Est-ce que ton fils va **mieux** ?
   Non, ... hélas !

6. (La photo de classe) « Les plus petits **devant**, les plus grands .... »

7. Jacqueline est **première** en français mais .... en mathématiques.

8. Vous avez rencontré votre femme **avant** ou .... vos études ?

9. L'hôtel est **près de** la gare, non .... la bibliothèque.

10. Je suis .... et pourtant j'aime m'amuser comme un **enfant**.

11. Faites l'exercice **du haut** de la page 36, puis celui ....

12. Il habite **en ville** mais il aime passer ses fins de semaine ....

13. Les Beaufort vont toujours **quelque part** le dimanche, mais leurs voisins ne vont jamais...........................

14. Est-ce que vous avez **quelque chose** à déclarer ? Non, ...

15. Gérard est toujours **malade**, mais son frère est ....

16. Les voitures japonaises sont .... , les suédoises sont **chères**.

32 Sports et passe-temps (2)

*É*crivez le numéro de chaque dessin en face du mot qui convient.

la chasse	....	le patinage	....
la course à pied	....	le patin à roulettes	....
la couture	....	la pêche	....
l'équitation (f)	....	la philatélie	....
l'escrime (f)	....	la planche à voile	....
le jardinage	....	le ski de fond	....

33 La maison (4) : Dans le salon

*É*crivez les chiffres de 1 à 16 en face du mot qui convient.

un canapé	....	un fauteuil	....	un poste de télévision	....
un cendrier	....	des magazines (m)	....	une table basse	....
une chaîne hifi	....	du papier peint	....	un tableau	....
une cheminée	....	une pendule	....	un tapis	....
un coussin	....	une plante verte	....	un vase	....
une bibliothèque (f)	....				

*C*omplétez les phrases suivantes avec les verbes qui conviennent au présent.

boire	écrire	savoir
comprendre	faire	traduire
décrire	offrir	vivre
devoir	ouvrir	voir
dormir	promettre	vouloir

1. Le voleur refuse de parler à la police. Il ne .... rien dire.

2. Les femmes .... en général plus longtemps que les hommes.

3. Les administrations françaises .... généralement à 9 heures.

4. Comment vous .... cette phrase en anglais ?

5. De notre fenêtre nous .... le parc.

6. Nous .... une bouteille de vin par repas.

7. Vous .... que le 14 juillet vous pouvez entrer gratuitement à l'Opéra ?

8. Elle sait l'anglais mais elle ne .... pas le français.

9. J'........................... toujours des fleurs à ma femme pour son anniversaire.

10. Pour Noël, j'........................... beaucoup de cartes.

11. Je suis désolé. Je vous .... de ne plus le faire.

12. Les romans de Balzac .... la société de son temps.

13. Je .... huit heures par nuit.

14. Vous .... les courses tous les jours ?

15. En France, on .... aller à l'école à partir de six ans.

*É*crivez le numéro de chaque dessin en face du mot qui convient.

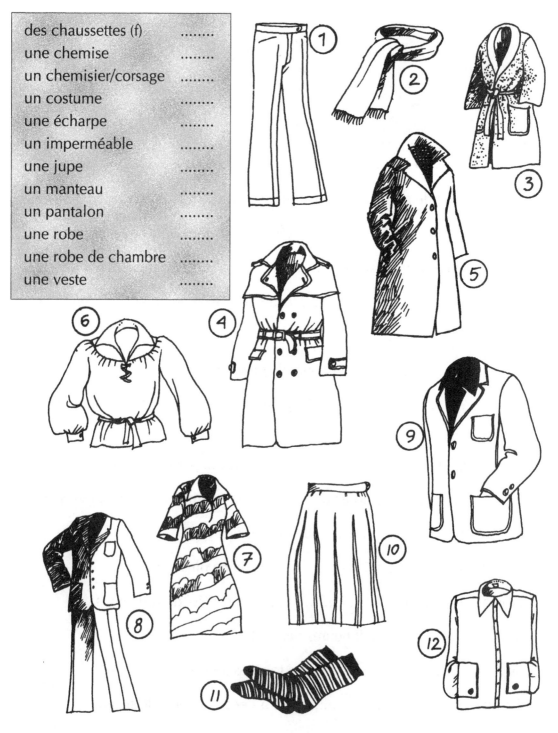

des chaussettes (f)	....
une chemise	....
un chemisier/corsage	....
un costume	....
une écharpe	....
un imperméable	....
une jupe	....
un manteau	....
un pantalon	....
une robe	....
une robe de chambre	....
une veste	....

Classez-les par paires

En face de chacun des mots de la liste de gauche écrivez, en choisissant dans la liste de droite, celui qui s'y associe le mieux.

1. l'arbre (m)	....	l'autoroute (f)
2. la bouteille	....	la femme
3. les cheveux (m)	....	la rage de dents
4. le ciel	....	la cheminée
5. les cigarettes (f)	....	le nuage
6. le couteau	....	la famille
7. le dentiste	....	la machine à écrire
8. l'école (f)	....	le peigne
9. la gare	....	la soucoupe
10. l'homme d'affaires (m)	....	le nid
11. la lettre	....	le pont
12. le livre	....	le tronc
13. la maison	....	la bibliothèque
14. le mari	....	le briquet
15. l'oiseau (m)	....	le train
16. la rivière	....	l'enveloppe (f)
17. la secrétaire	....	la fourchette
18. la tasse	....	les élèves
19. le toit	....	la mallette
20. la voiture	....	le tire-bouchon

37 Quel temps fait-il ?

Écrivez sous chacun des dessins ci-dessous la phrase qui correspond au temps qu'il fait.

Ça s'éclaircit	Il fait soleil	Il pleut
Ça fond	Il gèle	Il y a du givre
Il fait du brouillard	Il neige	Il y a des nuages
Il fait du vent		

1. ....

2. ....

3. ....

4. ....

5. ....

6. ....

7. ....

8. ....

9. ....

10. ....

*C*omplétez les phrases suivantes avec les prépositions qui conviennent.

1. J'ai rencontré mon mari .... des amis.
    (a) *à*   (b) *chez*   (c) *pour*

2. Bernard est professeur .... trois ans.
    (a) *il y a*   (b) *pendant*   (c) *depuis*

3. Les Suédois sont forts .... ski.
    (a) *sur*   (b) *en*   (c) *avec*

4. J'habite .... l'Étoile.
    (a) *près de*   (b) *près*   (c) *presque*

5. Anne est restée en France .... deux ans.
    (a) *en*   (b) *pendant*   (c) *dans*

6. .... toi je n'ai pas payé d'impôts.
    (a) *Malgré*   (b) *À cause de*   (c) *Grâce à*

7. Versailles se trouve .... Paris.
    (a) *sous*   (b) *à côté de*   (c) *sur*

8. La bibliothèque est .... le mur.
    (a) *sur*   (b) *dans*   (c) *contre*

9. Les magasins ouvrent .... 9 heures.
    (a) *à partir de*   (b) *depuis*   (c) *dans*

10. .... du retard de Pierre, j'ai manqué l'avion.
    (a) *Malgré*   (b) *Parce que*   (c) *À cause*

11. Marseille se trouve .... Paris.
    (a) *loin*   (b) *loin de*   (c) *longtemps*

12. Vous pouvez me prendre ? Je vais aussi .... Paris.
    (a) *vers*   (b) *en*   (c) *pour*

13. Il a acheté un cadeau .... sa fille.
    (a) *au*   (b) *pour*   (c) *à la*

14. J'ai laissé mes pantoufles .... le lit.
    (a) *sous*   (b) *dans*   (c) *en*

15. .... Marseille on peut manger une bonne bouillabaisse.
    (a) *En*   (b) *Au*   (c) *À*

16. .... le métro il y a toujours du monde.
    (a) *Dessous*   (b) *Au*   (c) *Dans*

17. Le tableau se trouve .... le professeur.
    (a) *sur*   (b) *derrière*   (c) *avant*

18. J'ai attendu longtemps chez le dentiste. Il y avait beaucoup de monde
    .... moi.
    (a) *avant*   (b) *pendant*   (c) *sur*

19. L'instituteur a parlé .... une classe intéressée.
    (a) *à côté de*   (b) *en face de*   (c) *devant*

20. Nous sommes passés .... le parc pour prendre le métro.
    (a) *de*   (b) *par*   (c) *à*

39 Les animaux (1)

*É*crivez le numéro de chaque dessin en face du mot qui convient.

un agneau	....	un chien	....	une oie	....
une araignée	....	un cochon	....	un poussin	....
un canard	....	un coq	....	un rat	....
un chat	....	une dinde	....	une souris	....
un chaton	....	une grenouille	....	un taureau	....
un cheval	....	un lapin	....	une vache	....
une chèvre	....	un mouton	....	un ver	....

40 Vêtements (2)

*É*crivez le numéro de chaque dessin en face du mot qui convient.

un béret	....
une ceinture	....
une paire de chaussures	....
des collants (m)	....
une cravate	....
une culotte/un slip	....
des gants	....
un gilet/un tricot	....
un pull	....
un slip	....
un soutien-gorge	....
un tablier	....

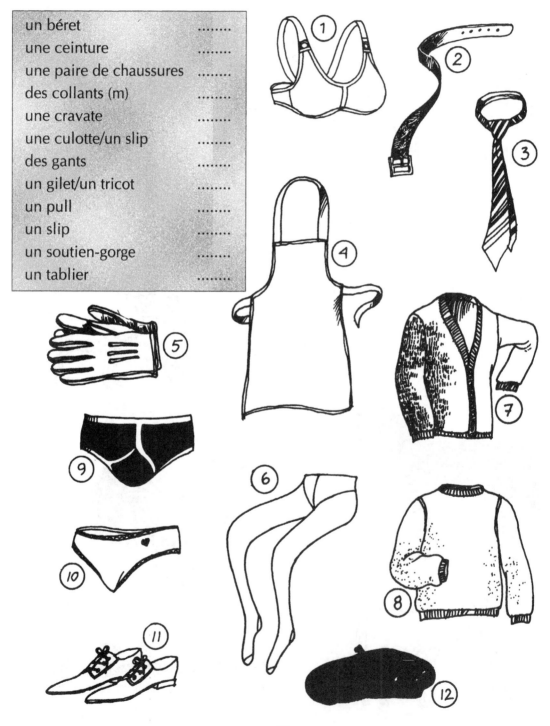

Deuxième partie

Dominique FILPA-EKVALL,
Francis PROUILLAC
et Peter WATCYN-JONES

 **41** *La famille*

*R*egardez la famille sur la page suivante et complétez les phrases en choisissant dans la liste suivante.

beau-frère	femme	mari	petits-enfants
beau-père	fille	mère	petite-fille
belle-fille	fils	neveu	petit-fils
belle-mère	frère	nièce	sœur
belle-sœur	gendre	oncle	tante
cousins	grand-mère	parents	
enfants	grand-père	père	

1. Jean et Michelle sont .... et ....

2. Ils ont deux ...., une ...., qui
   s'appelle Isabelle et un ...., qui s'appelle Richard.

3. Jean est le .... de Richard et d'Isabelle,
   et Michelle est leur ....

4. Jean et Michelle sont les .... de Richard et d'Isabelle.

5. Brigitte est la .... de Jean et Michelle,
   et François est leur ....

6. Michelle est la .... de Brigitte,
   et Jean, son ....

7. Brigitte est la .... d'Isabelle
   et François est le .... de Richard.

8. Isabelle est la .... de Richard,
   et Richard, son ....

9. Christophe et Thomas sont ....

GRANIER

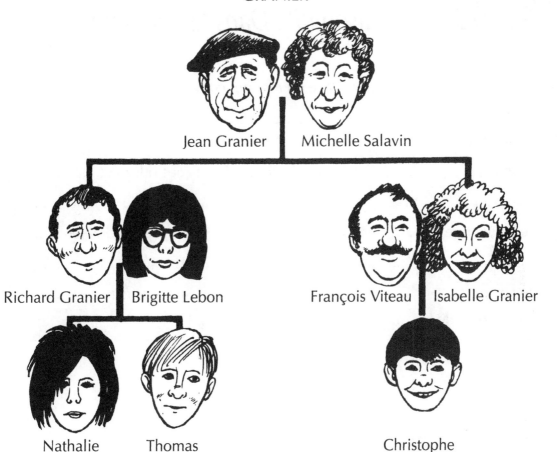

Jean Granier | Michelle Salavin

Richard Granier | Brigitte Lebon | François Viteau | Isabelle Granier

Nathalie | Thomas | Christophe

10. Richard est l'.. de Christophe,

et Brigitte, sa ....

11. Thomas est le .... de François et Isabelle,

et Nathalie est leur ....

12. Nathalie est la .... de Jean et Michelle,

et Thomas, leur ....

13. Thomas, Nathalie et Christophe sont les .... de Jean et

Michelle.

14. Jean est le .... de Nathalie, Thomas et Christophe, et

Michelle est leur ....

La maison (5) : Dans la chambre

*É*crivez les chiffres de 1 à 20 en face du mot qui convient.

une armoire	......	un drap	....	un réveil	....
un cintre	......	une lampe de chevet	....	des rideaux (m)	....
un coussin	......	un lit	....	une table de nuit	....
une couverture	......	un matelas	....	une taie d'oreiller	....
un couvre-lit	......	un napperon	....	un tiroir	....
une commode	......	un oreiller	....	un traversin	....
une descente de lit	......	une penderie	....		

43 / La maison (6) : Dans la salle de bains

*É*crivez les chiffres de 1 à 24 en face du mot qui convient.

une armoire de toilette	....	un miroir	....
une baignoire	....	le papier hygiénique	....
le bain moussant	....	la pâte dentifrice	....
un bidet	....	un peigne	....
une brosse à cheveux	....	un rasoir mécanique	....
une brosse à dents	....	un rasoir électrique	....
une douche	....	un robinet	....
un gant de toilette	....	un savon	....
un interrupteur	....	un sèche-cheveux/un séchoir	....
une lame de rasoir	....	une serviette-éponge	....
un lavabo	....	du shampooing	....
une machine à laver	....	les toilettes (f)/les WC (m)	....

 **44** *Ustensiles de ménage*

Écrivez le numéro de chaque dessin en face du mot qui convient.

une balance	......	une louche	......	une passoire	......
un bol	......	une marmite/		un plateau	......
une cafetière		un faitout	......	une poêle	......
électrique	......	un mixeur-batteur	......	une râpe	......
une casserole	......	un moulin à poivre	......	un rouleau	
des couverts (m)	......	un ouvre-boîtes	......	à pâtisserie	......
un égouttoir	......	un ouvre-bouteilles/		un tire-bouchon	......
un grille-pain	......	un décapsuleur	......	un verre doseur	......

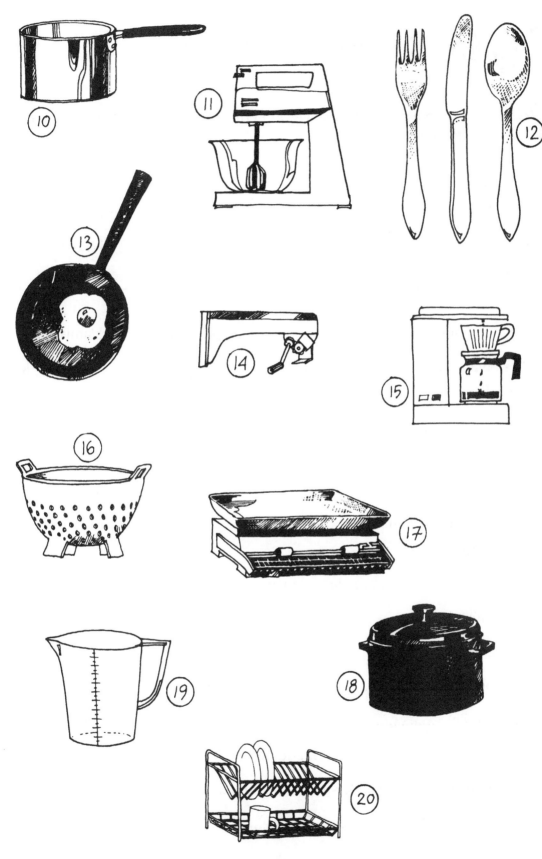

45 / Synonymes (1) : Verbes

Donnez un synonyme à chaque verbe écrit entre parenthèses en choisissant dans le tableau ci-dessous.

s'amusent	connais	s'en va	partagée
s'appellent	déteste	finit	poser
apprend	discuter	modifiées	rappelles
commence	dissimulé	ôter	saisis

1. J'adore (parler) .... de politique avec mes amis.

2. Les enfants sont sages. Ils (jouent) .... seuls dans leur chambre.

3. Après la Seconde Guerre mondiale, l'Allemagne a été (divisée) .... en deux.

4. Il fait chaud ici. Tu devrais (enlever) .... ta veste.

5. Le trimestre (se termine) .... la semaine prochaine : bientôt les vacances.

6. Je (hais) .... la violence.

7. Ils (se téléphonent) .... souvent après 8 heures.

8. Est-ce que tu (sais) .... l'anglais ?

9. Tu (comprends) .... ce que je dis ?

10. Elle (étudie) .... le français depuis quatre ans.

11. Il (part) .... du bureau à 18 heures tous les jours.

12. Merci de ce beau gâteau. Je vais le (mettre) .... sur la table.

13. Le carnaval (débute) .... la semaine prochaine.

14. À partir du 15 mai, les heures d'ouverture du Louvre sont (changées)

    ....

15. J'ai (caché) .... une bouteille de champagne dans le

    coffre de ma voiture.

16. Chérie, tu te (souviens de) .... la première fois où tu

    m'as dit « Je t'aime » ?

*C*omplétez les phrases suivantes avec les mots qui conviennent dans la liste ci-dessous.

ambitieux	chauve	généreuse	poli
bavarde	cultivée	jaloux	radins
calme	drôles	malheureux	sérieuse
célèbre	élégant	minces	serviable

1. Les mannequins sont des femmes ....

2. Heureux au jeu, ... en amour, comme dit le proverbe.

3. Hélène réussit bien à l'école, c'est une fille ....

4. André veut être ministre plus tard, c'est un garçon ....

5. Ce bébé ne pleure jamais, c'est un enfant ....

6. Ma concierge parle beaucoup. Quelle femme .... !

7. Simone est très ...., elle sait beaucoup de choses.

8. Mon voisin est très ...., il me dit toujours bonjour.

9. Le professeur de français est très ...., il change de costume tous les jours.

10. Pierre m'aide souvent. C'est un garçon ....

11. Tante Jeanne n'est pas .... ; elle ne donne jamais d'argent à ses neveux.

12. Je m'amuse beaucoup avec mes amis, ils sont très ....

13. Avec l'âge, il a perdu ses cheveux, il est devenu ....

14. Berlioz est un .... compositeur français.

15. Les Viland n'ont aucune générosité ; ce sont des gens ....

16. Ne regarde pas Jeanne avec ces yeux-là ! Son mari est ....

47 Mots associés

*P*armi les cinq mots de droite soulignez-en deux qui se rapportent au mot clé.

1. MUSIQUE — assiette, chanson, disque, plat, vaisselle

2. FIANCÉ — amour, bague, chaise, divorce, faute

3. NOËL — cadeaux, cartes routières, chêne, plage, sapin

4. ARGENT — banc, monnaie, portefeuille, radiateur, rideau

6. TÉLÉPHONE — annuaire, annuel, catalogue, coup de fil, coup de pied

7. PHARMACIE — comprimés, conserve, médicament, tableaux, tablettes

8. MAISON — bateau, forêt, grenier, montagne, penderie

9. CUISINE — bouillabaisse, fer à repasser, gigot d'agneau, œil de bœuf, passage à niveau

10. PRESSE — hebdomadaire, journalier, magasin, presser, quotidien

11. VACANCES — coup de soleil, dentifrice, hôpital, mère, valise

12. POLITIQUE — député, partie, poubelle, sucre, vote

13. RELIGION — Dieu, église, niche, ordinateur, preste

14. TÉLÉVISION — aiguille, chaîne, cheminée, émission, serein

15. STATION-SERVICE couloir, essence, plein, porte-clés, poussette

*É*crivez le numéro de chaque dessin en face du mot qui convient.

un arrosoir	......	une lime	......	une tondeuse	
une brouette	......	un marteau	......	à gazon	......
des ciseaux (m)	......	une pelle	......	un tournevis	......
une clé à molette	......	une perceuse	......	un tube de colle	......
une clé plate	......	une pince	......	des vis (f)	......
des clous (m)	......	un râteau	......		
une hache	......	une scie	......		

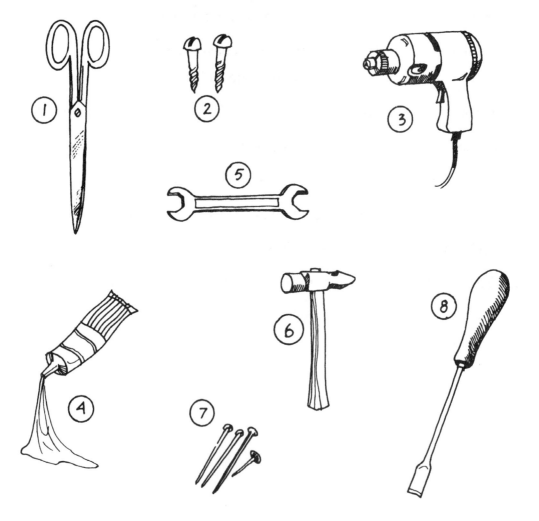

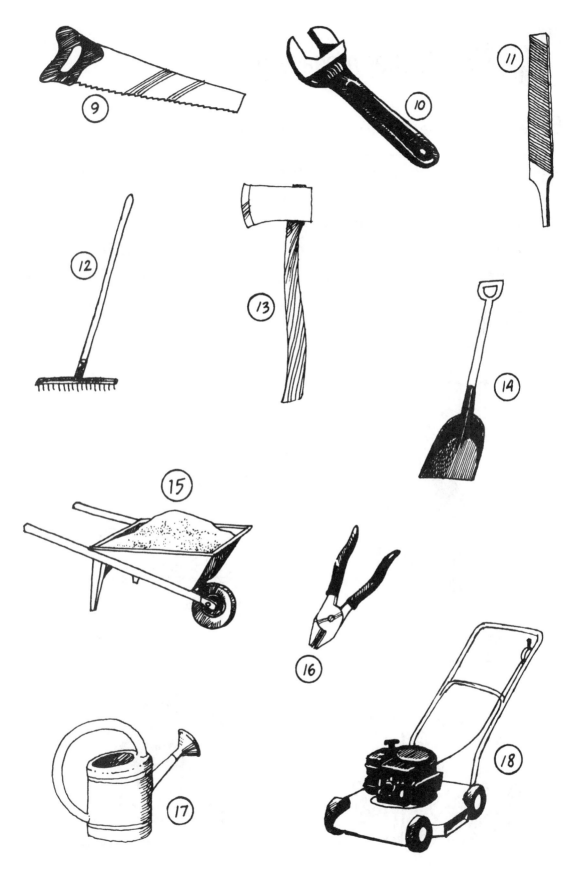

*É*crivez le numéro de chaque dessin en face du mot qui convient.

balayer	......	faire la poussière	......	passer l'aspirateur	......
cirer	......	faire la vaisselle	......	repasser	......
faire la lessive	......	faire les vitres	......	repriser/	
faire le lit	......	jardiner	......	raccommoder	......
faire le ménage	......	mettre la table	......	tapisser	......
faire de la pâtisserie	......				

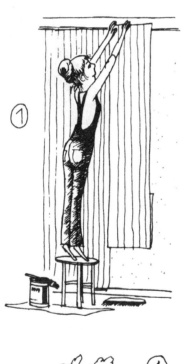

50 Mots manquants (2) : Encore des adjectifs

*C*omplétez *les phrases suivantes avec les mots qui conviennent dans la liste ci-dessous.*

aimable	en forme	inquiet
bouleversé	enroué	raisonnable
constipé	épuisé	soûl
content	étonnés	soulagé
déçu	furieuse	tendre
déprimée	inconscient	tendue

1. J'ai attrapé froid, je ne peux pas parler. Je suis ....

2. René a perdu son père, il est ....

3. Il est dans un coma profond ; il est ....

4. Les examens sont terminés. Maintenant, je suis ....

5. Il aime sa femme, il est .... avec elle.

6. Il est minuit et mon fils n'est toujours pas rentré ; je suis ....

7. – Je peux vous porter votre valise, madame ?

   – Volontiers, merci ; vous êtes très ....

8. Il a bu cinq cognacs, il est ....

9. Elle a eu un accident avec sa voiture neuve, elle est ....

10. Mon père a été obligé d'acheter un laxatif, il était ....

11. Aujourd'hui, j'ai travaillé douze heures, je suis ....

12. Dominique passe son permis de conduire la semaine prochaine, elle est très

    ....

13. Pour les jeux Olympiques, les athlètes doivent être ....

14. Nous avons tous été .... de la victoire de Yannick Noah sur MacEnroe.

15. Elle était si .... qu'elle voulait se suicider.

16. Écoute, chérie, tu as déjà dépensé 5 000 francs aujourd'hui, tu n'es pas ....

17. Il n'a pas obtenu le poste d'ambassadeur qu'il demandait, il est ....

18. — Vous êtes satisfait de votre Peugeot ?

   — Oui, j'en suis très ....

Objets domestiques et personnels (1)

*É*crivez le numéro de chaque dessin en face du mot qui convient.

un agenda	......	une enveloppe	......	une machine à	
une agrafeuse	......	un fer à repasser	......	écrire	......
une aiguille	......	le fil	......	un pinceau	......
un aspirateur	......	une gomme	......	une punaise	......
un classeur	......	une machine à		un stylo	......
un crayon	......	coudre	......	un taille-crayon	......

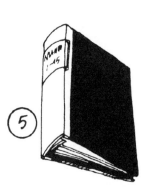

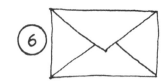

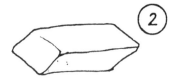

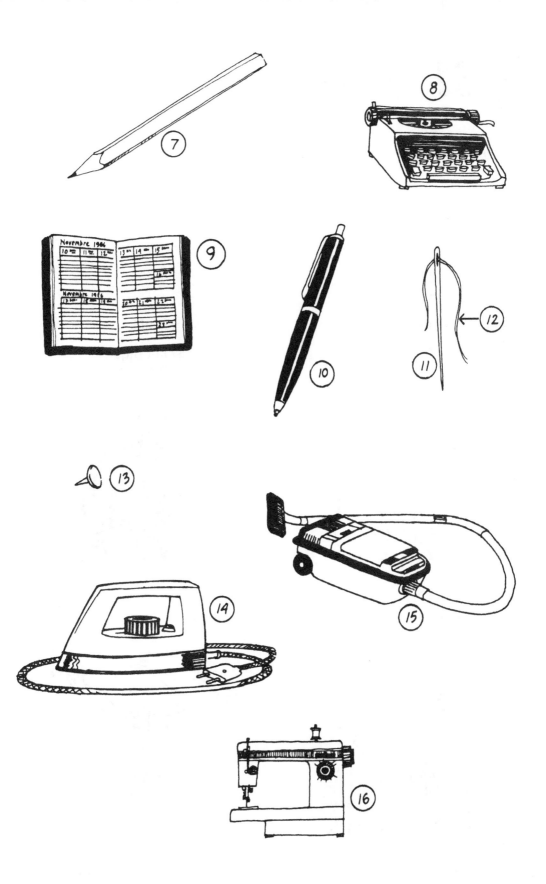

Qu'est-ce qui ne va pas ?

Complétez les expressions suivantes par les mots ou expressions du tableau ci-dessous.

de la fièvre	mal aux dents
une jambe dans le plâtre	une mauvaise toux
mal à la gorge	un rhume
mal à la tête	la rougeole
mal à l'estomac	s'est brûlé
mal au dos	s'est fait piquer

Il a ....

Elle a ....

Il a ....

Elle a ....

Elle a .... Il a .... Il a ....

Il a .... Il a ....

  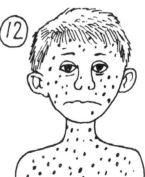

Elle a .... Il a .... Il a ....

 **53** *Synonymes (2) : Adjectifs*

*D*onnez un synonyme à chaque adjectif écrit entre parenthèses en choisissant dans le tableau ci-dessous.

affreuses	coûteuses	joyeux	sensationnel
aimable	dur	mignonne	simple
bien élevés	effrayé	primordial	splendide
bizarre	immense	réputé	tranquille

1. Regarde cette petite fille, comme elle est (jolie) .... !

2. Les vacances à l'hôtel sont toujours plus (chères) .... que le camping.

3. Pour un Suédois, l'anglais est moins (difficile) .... que le français.

4. Quelle soirée (calme) .... !

5. La télévision nous montre des images (horribles) .... sur la guerre.

6. J'ai lu un livre (formidable) .... sur la Provence.

7. De mon balcon à Monaco j'ai une vue (magnifique) .... sur la baie.

8. J'ai rencontré un type (étrange) .... qui collectionne les boîtes de camembert.

9. Le petit garçon était (terrorisé) .... à l'idée de rentrer seul chez lui la nuit.

10. La Russie est un pays (vaste) ....

11. Les oiseaux chantent au printemps, ils sont (gais) ....

12. Les enfants (polis) .... disent toujours merci.

13. Cet exercice est (facile) .... à faire.

14. Pour réussir un examen, il est (essentiel) .... de bien le préparer.

15. Le Moulin Rouge est un cabaret (célèbre) .... à Paris.

16. Ce monsieur est très (gentil) .... Il m'aide à porter les valises.

54 Synonymes (3) : Substantifs

Donnez un synonyme à chaque substantif écrit entre parenthèses en choisissant dans le tableau ci-dessous.

assortiment	décès	épouse	réussite
avis	désastre	habits	revenu
boutique	emploi	proposition	revue
confusion	entreprise	prospectus	vélo

1. Mon voisin, qui est ingénieur chez Citroën, a un (salaire) ……............……….. annuel de 250 000 F.

2. En Europe, il y a de plus en plus de gens sans (travail) ……............……….

3. Cette boutique propose un grand (choix) ……............……….. de cravates.

4. Permettez-moi de vous présenter (ma femme) mon ……............………..

5. Elle s'est remariée quelques mois après (la mort) le ……............……….. de son mari.

6. Un(e) certain(e) (désordre) ……............……….. régnait hier à l'Assemblée nationale.

7. Le tremblement de terre qui a détruit le centre de Mexico a été (une catastrophe) un ……............………..

8. Votre (suggestion) ……............……….. est tout à fait acceptable.

9. Il ne se sentait pas bien dans ses (vêtements) ……............……….. neufs.

10. Après (son succès) sa ……............………..., son père va lui offrir une moto.

11. Mon (opinion) ……............……….. est que nous ne pouvons pas accepter cette proposition.

12. (La firme) L'……............……….. où je travaille marche bien.

13. Tu vas travailler à pied ou à (bicyclette) ……....................……….. ?

14. Je suis allé a l'agence de voyage, pour prendre des (brochures) ……....................……….. sur la France.

15. *Vogue* est un(e) (magazine) ……....................……….. international(e).

16. (Ce magasin) Cette ……....................……….. de chaussures est très bon marché.

55 Définitions

Associez chaque mot des mots croisés à la définition qui convient et écrivez le chiffre et la lettre (H ou V) à côté. (voir l'exemple)

Horizontalement (H) ▶

Verticalement (V) ▼

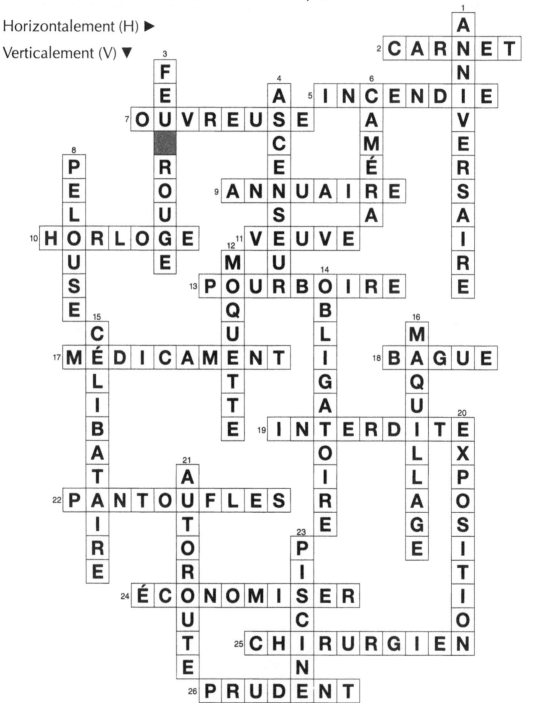

.... Au théâtre ou au cinéma elle contrôle votre billet et vous accompagne à votre place.

.... Si vous habitez au sixième étage, il est plus rapide et moins fatigant que l'escalier.

.... Signal tricolore qui règle la circulation des voitures.

.... Petite somme d'argent que vous pouvez donner au garçon de café, au coiffeur, au chauffeur de taxi, etc.

.... En laine ou synthétique, elle couvre le sol de vos chambres et de votre salon.

.... Sur la façade et le quai de la gare, elle vous indique l'heure.

.... Vous l'utilisez pour filmer vos souvenirs de vacances.

.... Il vous donne la liste des personnes qui ont le téléphone.

.... Quelque chose que vous achetez dans une pharmacie quand vous êtes malade.

.... Homme ou femme non marié(e).

.... Femme qui a perdu son mari.

14V. Quelque chose que vous devez faire (adj).

.... Qui n'est pas autorisée (adj).

.... Rouge à lèvres, poudre, mascara, etc.

.... Chaussures d'intérieur.

.... Voie rapide où, en France, la vitesse est limitée à 130 km/heure (est payante).

.... Feu gigantesque et catastrophique.

.... Mettre de l'argent de côté, épargner.

.... Célébration d'une date de naissance ou d'un événement.

.... Surface d'herbe dans un parc ou dans un jardin.

.... Bassin d'eau où vous pouvez vous baigner et nager.

.... 10 tickets de métro.

.... Médecin qui opère dans un bloc opératoire.

.... Caractère d'une personne qui fait attention (adj).

.... Manifestation où on montre des tableaux, des sculptures, des bijoux, etc.

.... Bijou que vous portez au doigt.

*C*omplétez les phrases suivantes avec les verbes qui conviennent au présent, au passé composé, à l'impératif ou à l'infinitif dans la liste ci-dessous.

aller chercher	crier	s'endormir
appartenir	déjeuner	envoyer
apporter	déranger	épouser
commander	désirer	espérer
construire	durer	oser
couper	emmener	tourner

1. En général, le mercredi après-midi j'................................ ma fille chez ses grands-parents.

2. La Seconde Guerre mondiale .... six ans.

3. En vacances j'................................ toujours des cartes postales.

4. Il .... sa maison lui-même.

5. Catherine est timide, elle n'................................ pas parler.

6. Vous .... un apéritif pour commencer, messieurs-dames ?

7. À qui .... ce chapeau ?

8. Peux-tu m'................................ le livre qui est sur ton bureau ?

9. J'ai trop mangé, j'................................ que je ne serai pas malade.

10. Ne .... pas tant, je ne suis pas sourd.

11. Je ne .... jamais avant d'avoir lu quelques pages d'un bon roman.

12. Ne le .... pas, il dort.

13. Je .... mon fils à l'école, je reviens tout de suite.

14. Il .... une fille belle, riche et intelligente.

15. Au restaurant, nous .... le plat du jour.

16. Ne joue pas avec ce couteau, tu vas te ....

17. – Pour aller à la gare, s'il vous plaît ?

    – Vous continuez tout droit et au feu rouge vous .... à droite.

18. En général, nous .... au restaurant de l'entreprise.

*É*crivez le numéro de chaque dessin en face du mot qui convient.

une abeille	....	une hirondelle	....	un pigeon	....
un chameau	....	un lièvre	....	un poulet	....
un écureuil	....	un loup	....	un renard	....
une fourmi	....	une mouche	....	un scarabée	....
une guêpe	....	un moustique	....	un singe	....
un hérisson	....	un ours	....	une tortue	....
un hibou	....	un papillon	....		

58 Magasins (2)

Vous allez acheter quelque chose ou faire quelque chose. Quoi et où? Faites des paires.

Vous voulez	**Vous allez**
1. des produits d'entretien	....
2. une échelle, des pinces, un tournevis	....
3. faire nettoyer des vêtements	....
4. des cartes à jouer, une poupée, un train électrique	....
5. des choses bon marché et d'occasion	....
6. un carnet, des cartes de visite, une règle	....
7. faire réparer des chaussures	....
8. du bœuf, un rôti, de la viande hachée	....
9. un bracelet-montre, un collier, un réveil	....
10. demander des informations touristiques	....
11. changer de l'argent	....
12. du déodorant, du rouge à lèvres, du vernis à ongles	....
13. faire réparer la voiture	....
14. faire une déclaration de vol	....
15. faire le plein	....

à la boucherie

au bureau de change

chez le cordonnier

chez le garagiste

chez l'horloger-bijoutier

au commissariat

à la droguerie

au magasin de jouets

au marché aux puces

à la papeterie

à la parfumerie

à la quincaillerie

à la station-service

au syndicat d'initiative

à la teinturerie/au pressing

59 — Panneaux

Sur les dessins ci-dessous, le panneau est blanc. Écrivez le numéro correspondant au dessin à côté de chaque inscription.

À LOUER	....	OCCUPÉ	....
APPARTEMENTS À VENDRE	....	PÉAGE : PRÉPAREZ VOTRE	
BAIGNADE DANGEREUSE	....	MONNAIE	....
CHIEN MÉCHANT	....	PEINTURE FRAÎCHE	....
CONSIGNE AUTOMATIQUE	....	PELOUSE INTERDITE	....
DÉFENSE DE FUMER	....	SERVEZ-VOUS	....
DOUANE : RALENTIR	....	SOLDES	....
EN PANNE	....	SONNEZ ET ENTREZ	....
LIBRE	....	STATIONNEMENT INTERDIT	....
NE PAS TOUCHER S.V.P.	....		

7

8

9

10

11

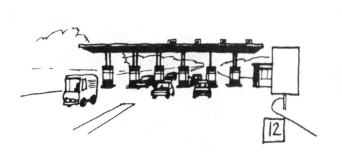

12

13 14

15

16

17

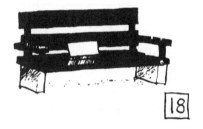

18

60 Mots manquants (4) : Encore des verbes

Complétez les phrases suivantes avec les verbes qui conviennent au présent, au passé composé ou à l'infinitif dans la liste ci-dessous.

enseigner	persuader	raconter
garder	peser	reconnaître
s'intéresser	se plaindre	remercier
obliger	plaire	rencontrer
partager	pleuvoir	revenir
peindre	porter	se terminer

1. Je .... souvent une robe turquoise, mon mari adore cette couleur.

2. Cette cravate en soie est très chic, elle te ...., Henriette ?

3. C'est Picasso qui .... les Demoiselles d'Avignon.

4. Avec sa nouvelle coiffure, je n' .... pas .... Gisèle.

5. À quelle heure .... l'émission ?

6. Personne ne vous .... à boire du champagne, vous pouvez boire de l'eau minérale.

7. – Ta valise est lourde ?

   – Oh oui, elle .... 18 kg.

8. Tu as visité le Mexique. Tu peux me .... ton voyage ?

9. Je n'ai plus besoin de ce livre, tu peux le ....

10. J'........................... Viviane chez le boucher ce matin.

11. Je pars pour Paris la semaine prochaine et je .... le 30.

12. Il m'.............................. d'acheter une Citroën et il a eu raison.

13. J'.............................. le gâteau en quatre.

14. Vous .... à l'art moderne ?

15. Je vous .... encore de votre charmante soirée.

16. Il y a du bruit chez les Mitry et les voisins ....

17. J'.............................. le français depuis cinq ans.

18. N'oublie pas ton parapluie, il ....

61 Classifications (2)

En face de chaque série, écrivez le mot qui correspond en choisissant dans la liste ci-dessous.

des arbres	des maladies
des bijoux	des métaux
crimes et délits	des métiers
des crustacés	des plats
des herbes et des épices	la voiture

1. le coffre, les freins, le pare-brise, les pneus ....

2. un crabe, des crevettes, des écrevisses, un homard ....

3. un avocat, un facteur, un gardien, un plombier ....

4. la cannelle, la ciboulette, le persil, le thym ....

5. l'acier, le cuivre, le fer, le plomb ....

6. le bouleau, le chêne, le hêtre, le sapin ....

7. le bœuf bourguignon, le coq au vin,
   la quiche lorraine, la ratatouille ....

8. l'assassinat, le cambriolage, la fraude, le vol ....

9. l'angine, la grippe, les oreillons, la rougeole ....

10. une alliance, des boucles d'oreilles, un bracelet,
    un collier ....

62 Prépositions (4)

Complétez les phrases suivantes avec les prépositions qui conviennent.

1. J'ai vu Pierre .... la rue ce matin

   (a) *sur*   (b) *dans*   (c) *vers*

2. Il ne se souvient jamais .... l'anniversaire de sa femme.

   (a) *de*   (b) *à*   (c) *pour*

3. Pensez bien .... fermer la porte quand vous partirez.

   (a) *de*   (b) *en*   (c) *à*

4. Mon voisin est très content .... sa nouvelle voiture.

   (a) *avec*   (b) *de*   (c) *sur*

5. Les films de science-fiction plaisent beaucoup .... mon fils.

   (a) *à*   (b) *pour*   (c) *de*

6. Il a toujours été mauvais .... physique.

   (a) *à*   (b) *dans*   (c) *en*

7. Jeannette est folle .... chocolat.

   (a) *de*   (b) *pour*   (c) *dans*

8. Beaucoup de Suédois s'intéressent .... vins français.

   (a) *aux*   (b) *à*   (c) *pour*

9. Est-ce que vous croyez .... Dieu ?

   (a) *à*   (b) *dans*   (c) *en*

10. Les personnes âgées souffrent souvent .... la solitude.

    (a) *par*   (b) *de*   (c) *sous*

11. Si vous n'aimez pas votre bureau, allez vous plaindre .... votre chef.

    (a) *sur*   (b) *à*   (c) *au*

12. La grand-mère de ma femme est morte .... vieillesse.

    (a) *de*   (b) *dans*   (c) *en*

13. .... fin des émissions, la télévision britannique joue l'hymne national.

    (a) *À*   (b) *À la*   (c) *Au*

14. Faites attention .... la circulation quand vous traversez.

    (a) *à*   (b) *avec*   (c) *pour*

15. Il ne boit que .... des verres de cristal.

    (a) *de*   (b) *dans*   (c) *hors de*

16. J'ai invité tous mes amis .... Jacqueline.

    (a) *sauf*   (b) *mais*   (c) *à*

17. Les enfants sont très fiers .... leurs cadeaux de Noël.

    (a) *de*   (b) *sur*   (c) *dans*

18. Je vais toujours à Paris .... train.

    (a) *avec*   (b) *par*   (c) *en*

19. Le courrier .... avion va plus vite que le courrier ordinaire.

    (a) *par*   (b) *en*   (c) *dans*

20. .... le mauvais temps, nous avons fait une sortie en bateau.

    (a) *À cause de*   (b) *Malgré*   (c) *En dépit*

63 / *Expressions manquantes*

Complétez les phrases suivantes avec les expressions qui conviennent dans la liste ci-dessous.

à bientôt	À votre santé	Excusez-moi d'être en retard
amusez-vous bien	bonne année	Félicitations
à tout à l'heure	bonne chance	joyeux Noël
À vos souhaits	bonnes vacances	meilleurs vœux

1. Tu passes le permis de conduire demain ? Alors,

   .... !

2. Au revoir et .... !

3. Vous partez pour la France la semaine prochaine ? Alors,

   .... !

4. Yves lève son verre de champagne et dit :

   « .... ! »

5. Allez à la soirée chez les Martin et surtout

   ....

6. Nous sommes le 25 décembre. Tout le monde se souhaite un

   ....

7. Le 1er janvier je souhaite à tous mes amis une

   .... et je leur présente mes

   ....

8. Je vais à la poste, je reviens dans un quart d'heure,

   ....

9. — Atchoum !!! — .... !

10. Le cours a commencé il y a une demi-heure. Francis arrive et dit :

    « .... »

11. — Je viens de me fiancer avec Ludovic.

    — .... !

64 *Objets domestiques et personnels (2)*

Écrivez le numéro de chaque dessin en face du mot qui convient.

des allumettes (f)	....	une lampe de		un portefeuille	....
une ampoule	....	poche	....	un porte-monnaie	....
un briquet	....	une mallette	....	un sac à main	....
un calendrier	....	une montre	....	un seau	....
une clé	....	une nappe	....	un torchon	....
une échelle	....	un parapluie	....	une valise	....
		une pendule	....		

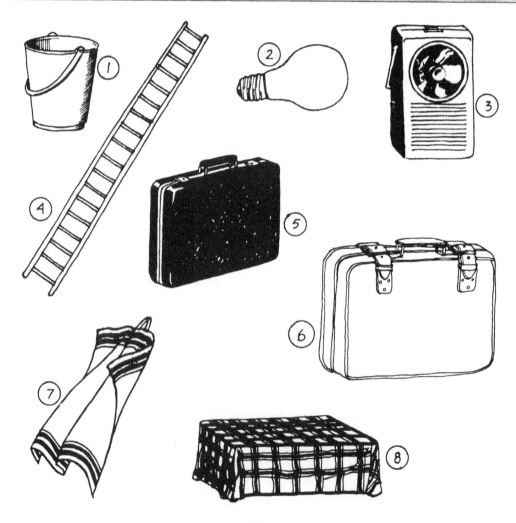

9

10

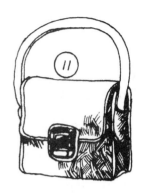
11

12

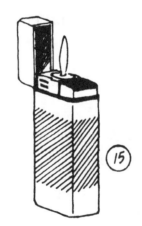
13

AOÛT

16

14

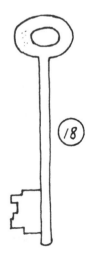
18

15

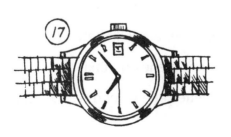
17

65 Faire-prendre-avoir-être

Complétez les phrases suivantes en mettant les verbes faire, prendre, avoir *et* être *à la forme correcte.*

1. Il est midi, c'est l'heure du déjeuner : je/j'...........................……… faim.

2. Les Suédois ont la réputation d'...........................……… à l'heure.

3. Tu viens avec moi ....……… une promenade ?

4. Vous ....……… froid ? Vous voulez que je ferme la fenêtre ?

5. Est-ce que vous aimez ....……… la cuisine ?

6. Je voudrais quelque chose à boire, je/j'...........................……… vraiment soif.

7. Le week-end, j'aime ....……… l'air en forêt.

8. – D'où venez-vous ?
   – Je/J'...........................……… du Midi.

9. Je n'aime pas voyager par le train, je préfère ....……… l'avion.

10. Je vais me coucher, je/j'...........................……… sommeil.

11. J'ai mal aux dents, je vais ....……… un rendez-vous chez le dentiste.

12. Nous n'avons plus de sel, ni de beurre, est-ce que vous pouvez aller ....……… les courses ?

13. Excuse-nous, nous n'avons pas le temps de discuter, nous ....……… pressés.

14. En rentrant de ton travail, est-ce que tu peux ....……… le pain, s'il te plaît ?

15. Quelle chaleur ! Je/J'...........................……… vraiment trop chaud.

16. Vous ....……… votre déjeuner à quelle heure ?

17. Si vous ....……… en retard, prenez un taxi.

18. Hier, c'était l'anniversaire de Bernadette : elle vient d'...........................……… dix ans.

Contrôle

Regardez la famille et complétez les phrases suivantes.

GRANIER

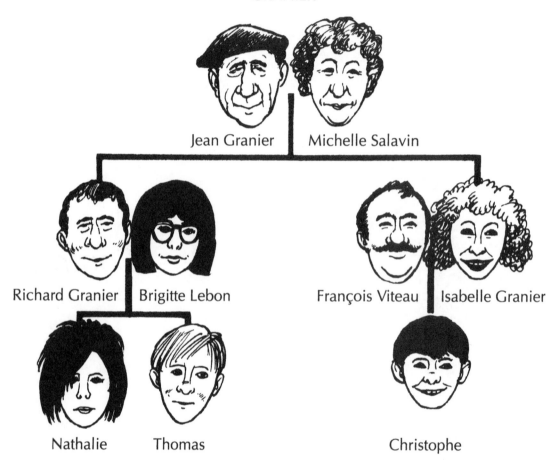

1. Jean est le .... de Richard.

2. Nathalie et Christophe sont ....

3. François est le .... d'Isabelle.

4. Brigitte est la .... de Nathalie et de Thomas.

5. Michelle est la .... de Christophe.

6. Brigitte est la .... de Richard.

7. François est l'..................................... de Nathalie et de Thomas.

8. Richard est le .... de François.

9. Michelle est la .... de Brigitte.

10. Isabelle est la .... de Jean et de Michelle.

11. Nathalie, Thomas et Christophe sont les .... de Jean et de Michelle.

12. François est le .... de Jean et de Michelle.

13. Nathalie et Thomas sont les .... de Richard et de Brigitte.

14. Jean est le .... de Brigitte.

15. Nathalie est la .... de Thomas.

16. Richard est le .... de Jean et de Michelle.

17. Thomas est le .... de François et d'Isabelle.

18. François et Isabelle sont les .... de Christophe.

19. Nathalie est la .... de François et d'Isabelle.

20. Brigitte est la .... de Jean et de Michelle.

21. Jean est le .... de Nathalie, Thomas et Christophe.

22. Brigitte est la .... de François.

23. Thomas est le .... de Jean et de Michelle, et Nathalie, leur ....

La maison (5) : Dans la chambre

*É*crivez le mot qui convient à côté de chacun des numéros suivants.

1.	8.	15. ....
2.	9.	16. ....
3.	10.	17. ....
4.	11.	18. ....
5.	12.	19. ....
6.	13.	20. ....
7.	14.	

43 La maison (6) : Dans la salle de bains

Écrivez le mot qui convient à côté de chacun des numéros suivants.

1.	9.	17. ....
2.	10.	18. ....
3.	11.	19. ....
4.	12.	20. ....
5.	13.	21. ....
6.	14.	22. ....
7.	15.	23. ....
8.	16.	24. ....

Terminez les mots ci-dessous.

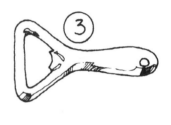

un o........................../

une r........................   un b........................   un d........................

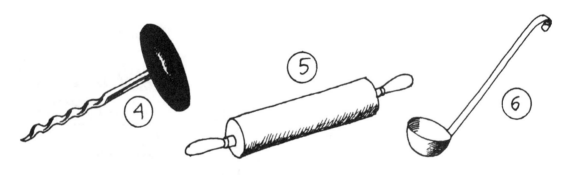

un r........................ à

un t........................   p........................   une l........................

un m........................

à p........................   un p........................   un g........................

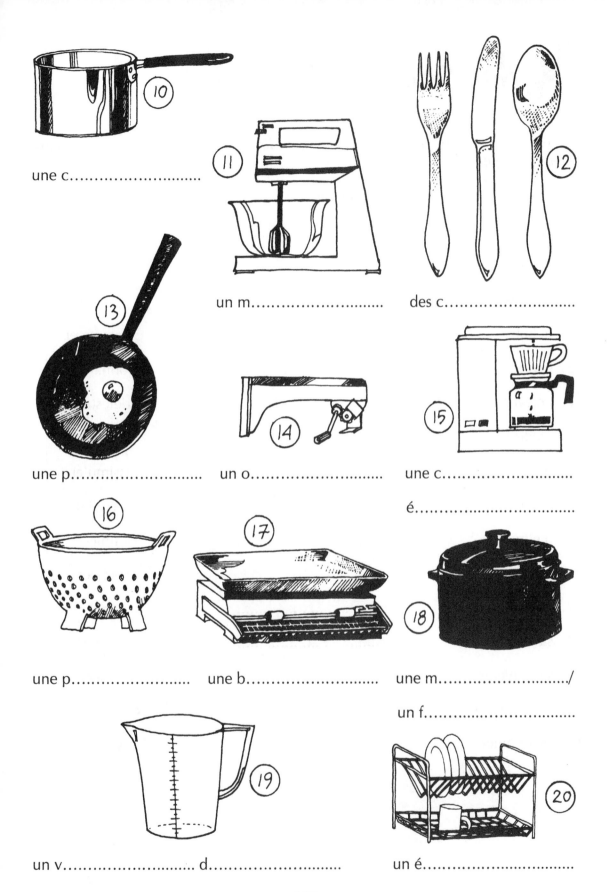

une c...........................

un m...........................

des c...........................

une p...........................

un o...........................

une c...........................

é...........................

une p...........................

une b...........................

une m.........................../

un f...........................

un v........................... d...........................

un é...........................

*É*crivez le synonyme de chaque verbe de la liste de gauche en choisissant dans la liste de droite.

Verbe	**Synonyme**
1. cacher	....
2. changer	....
3. comprendre	....
4. débuter	....
5. diviser	....
6. enlever	....
7. étudier	....
8. haïr	....
9. jouer	....
10. mettre	....
11. parler	....
12. partir	....
13. savoir	....
14. se souvenir	....
15. se téléphoner	....
16. se terminer	....

s'amuser

s'appeler

apprendre

commencer

connaître

détester

discuter

dissimuler

s'en aller

finir

modifier

ôter

partager

poser

se rappeler

saisir

46 Mots manquants (1) : Adjectifs

Complétez les mots ci-dessous à l'aide des définitions de gauche.

1. Il veut réussir dans la vie. Il est très … .

2. Elle adore parler. Elle est … .

3. Une personne … ne s'énerve pas facilement.

4. Un synonyme de … est « très connu ».

5. Si vous n'avez pas de cheveux, vous êtes … .

6. Elle connaît beaucoup de choses sur la musique, la littérature et les arts. Elle est très … .

7. Une personne … fait rire les autres.

8. Un homme … est toujours bien habillé.

9. Ma tante est très … ; elle me fait souvent des cadeaux.

10. Un mari … n'aime pas voir sa femme danser avec quelqu'un d'autre.

11. Le contraire d'heureux.

12. Une personne … n'est ni trop grosse ni trop maigre.

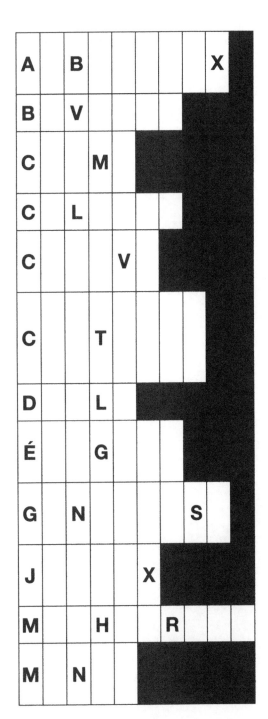

13. Un enfant … est un enfant bien élevé.

14. Il est … , il déteste dépenser de l'argent.

15. Elle travaille bien à l'école ; elle est très … .

16. Il aide toujours les gens. Il est très … .

P						
R			N			
S	R				S	
S		V				

47 Mots associés

Choisissez deux mots dans la liste ci-dessous et écrivez-les en face du mot correspondant.

amour	chaîne	Dieu	grenier	plein
annuaire	chanson	disque	hebdomadaire	portefeuille
bague	comprimés	église	maître	quotidien
bouillabaisse	coup de fil	émission	médicament	sapin
cadeaux	coup de soleil	essence	monnaie	valise
cartable	député	gigot d'agneau	penderie	vote

1. ARGENT ....

2. CUISINE ....

3. ÉCOLE ....

4. FIANCÉ ....

5. MAISON ....

6. MUSIQUE ....

7. NOËL ....

8. PHARMACIE ....

9. POLITIQUE ....

10. PRESSE ....

11. RELIGION ....

12. STATION-SERVICE ....

13. TÉLÉPHONE ....

14. TÉLÉVISION ....

15. VACANCES ....

*T*erminez les mots ci-dessous.

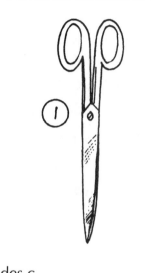

des v.............................

des c............................

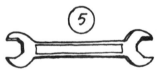

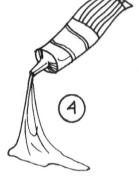

un t.............................
de c.............................

une p..............................

une c............................

un m............................

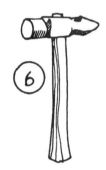

des c............................

un t.............................

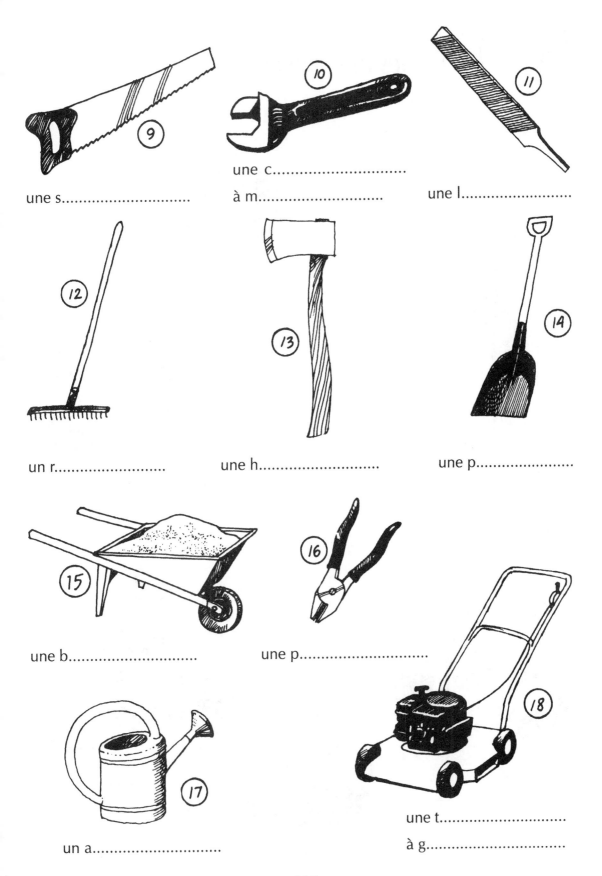

une s..........................

une c............................
à m............................

une l..........................

un r..........................

une h..........................

une p........................

une b..........................

une p..........................

un a............................

une t............................
à g............................

 **49** Tâches ménagères

Terminez les mots ci-dessous.

f................... la p............................

t..

f................ le l....................

j...

f........................ de la
p................................

c................................

7

r................................ /
r................................

8

p................ l'a.........................

9

f..................... les
v...........................

10

f......................... la
v...............................

11

r......................................

12

f.......................... la
l...............................

13

b..............................

14

m.................... la t.....................

15

f.......................... le
m............................

Complétez les mots ci-dessous à l'aide des définitions de gauche.

1. La vendeuse de ce magasin ne sourit jamais, elle n'est pas … .

2. Son chien est mort ; il est … .

3. Si vous êtes …, vous devez acheter un laxatif.

4. Je ne suis pas … de votre travail, refaites-le.

5. Lucette n'est pas venue au rendez-vous de Georges, il est très … .

6. Il vient de divorcer, il est très … .

7. Je participe au Marathon de Paris dimanche prochain, je dois être … .

8. Il peut à peine parler, il est

9. Quand vous êtes …, vous êtes très, très fatigué.

10. Elle était nulle en mathématiques, aussi son père a été très … lorsqu'elle a réussi son examen.

11. Ma mère était … quand je lui ai dit que j'étais arrivé en retard à l'école.

12. Si vous recevez un coup sur la tête, vous resterez certainement … un moment.

13. Mon mari est très … quand je prends l'avion, et je lui téléphone toujours pour lui dire que je suis bien arrivée.

14. François, ne prends pas un quatrième armagnac, ce n'est pas … .

15. Si vous buvez trop d'alcool, vous allez être … .

16. Il pensait qu'il avait un cancer, c'est pourquoi il a été … quand son médecin lui a dit qu'il n'avait rien de grave.

17. Un mari est souvent … avec sa femme.

18. Je suis toujours … avant un examen. Mais dès que je commence à écrire, je me sens mieux.

I	C		S				T
I	Q						
R		S		N			
S							
S				G			
T		R					
T		D					

Terminez les mots ci-dessous.

une a.............................

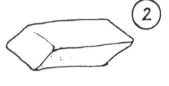

une g.............................

un t..........................

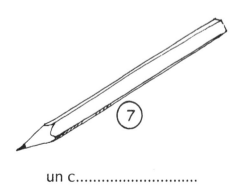

un p.........................

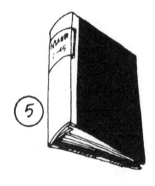

une e......................

un c.........................

un c.............................

une m.............................

à é.................................

un a.........................

un s.........................

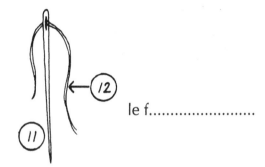

le f.........................

une a.........................

une p.........................

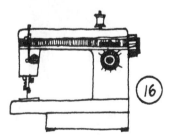

un f.................................
à r...................................

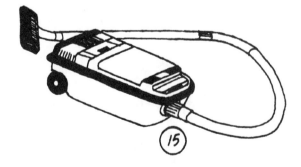

un a.........................

une m..............................
à c...................................

 **52** ## Qu'est-ce qui ne va pas ?

Terminez les mots ci-dessous.

① Il a m.................. aux d..............

② Elle a m.................... à la t..............

③ Il a une j.................. dans le p..............

④ Elle s'est f.................. p..............

⑤ Elle a un r.........................

⑥ Il a m.................. à la g....................

Il a m.................. au d..................

Il s'est b..........................

Il a une m..................... t..................

Elle a de la f...........................

Il a m.................. à l'.......................

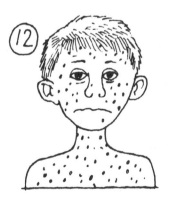

Il a la r...........................

 **53** *Synonymes (2) : Adjectifs*

*É*crivez le synonyme de chaque adjectif de la liste de gauche en choisissant dans la liste de droite.

Adjectif	**Synonyme**	
1. calme	....	affreuse
2. célèbre	....	aimable
3. chère	....	bien élevé
4. difficile	....	bizarre
5. essentiel	....	coûteuse
6. étrange	....	dur
7. facile	....	effrayé
8. formidable	....	immense
9. gai	....	joyeux
10. gentil	....	mignonne
11. horrible	....	primordial
12. jolie	....	réputé
13. magnifique	....	sensationnel
14. poli	....	simple
15. terrorisé	....	splendide
16. vaste	....	tranquille

Écrivez le synonyme de chaque substantif de la liste de gauche en choisissant dans la liste de droite.

Substantif	**Synonyme**
1. la bicyclette	....
2. le magasin	....
3. la brochure	....
4. le choix	....
5. la catastrophe	....
6. le désordre	....
7. la femme	....
8. la firme	....
9. les vêtements	....
10. le magazine	....
11. la mort	....
12. l'opinion	....
13. le salaire	....
14. le succès	....
15. la suggestion	....
16. le travail	....

l'assortiment

l'avis

le désastre

la confusion

le décès

l'emploi

l'entreprise

l'épouse

la boutique

la proposition

le prospectus

la réussite

le revenu

la revue

le vélo

les habits

55 Définitions

Complétez la grille de mots croisés ci-dessous.

Horizontalement

2. 10 tickets de métro.
5. Feu gigantesque et catastrophique.
7. Au théâtre ou au cinéma, elle contrôle votre billet et vous accompagne à votre place.
9. Il vous donne la liste des personnes qui ont le téléphone.
10. Sur la façade et le quai de la gare, elle vous indique l'heure.
11. Femme qui a perdu son mari.
13. Petite somme d'argent que vous pouvez donner au garçon de café, au coiffeur, au chauffeur de taxi, etc.
17. Quelque chose que vous achetez dans une pharmacie quand vous êtes malade.
18. Bijou que vous portez au doigt.
19. Qui n'est pas autorisée (adj).
22. Chaussures d'intérieur.
24. Mettre de l'argent de côté, épargner.
25. Médecin qui opère dans un bloc opératoire.
26. Caractère d'une personne qui fait attention (adj).

Verticalement

1. Célébration d'une date de naissance ou d'un événement.
3. Signal tricolore qui règle la circulation des voitures.
4. Si vous habitez au sixième étage, il est plus rapide et moins fatigant que l'escalier.
6. Vous l'utilisez pour filmer vos souvenirs de vacances.
8. Surface d'herbe dans un parc ou dans un jardin.
12. En laine ou synthétique, elle couvre le sol de vos chambres et de votre salon.
14. Quelque chose que vous devez faire (adj).
15. Homme ou femme non marié(e).
16. Rouge à lèvres, poudre, mascara, etc.
20. Manifestation où on montre des tableaux, des sculptures, des bijoux, etc.
21. Voie rapide où, en France, la vitesse est limitée à 130 km/heure (est payante).
23. Bassin d'eau où vous pouvez vous baigner et nager.

56 Mots manquants (3) : Verbes

Complétez la grille de mots croisés ci-dessous. Employez l'infinitif sauf si "PRÉSENT" est indiqué.

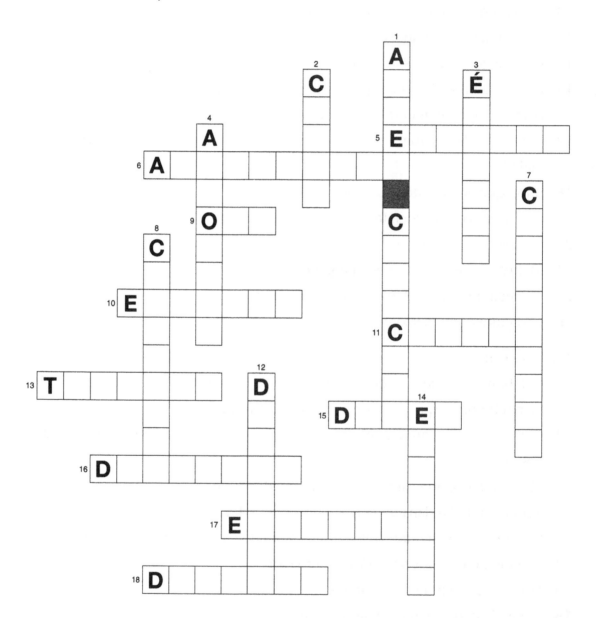

Horizontalement

5. Est-ce que je peux vous …… ce paquet par la poste ?

6. Je crois que c'est la propriétaire de ce bateau : il doit lui …… .

9. Avec toute cette pollution, je n'…… plus me baigner dans la Méditerranée. (PRÉSENT)

10. Si tu es sage, je vais t'…… au zoo.

11. Trancher, tailler.

13. – Le port, s'il vous plaît ?
    – Vous prenez la première à droite et vous …… à gauche. (PRÉSENT)

15. Prendre un certain temps.

16. Vous êtes occupé. Excusez-moi de vous …… mais je voudrais vous parler quelques minutes.

17. Il se couche toujours à 22 heures mais il ne peut jamais s'…… avant minuit.

18. Vous entrez dans un magasin, la vendeuse veut vous aider, elle dit : « Vous …… ? » (PRÉSENT)

Verticalement

1. J'ai oublié mes lunettes de soleil, je vais …… les …… . (2 mots)

2. Parler trop fort.

3. Se marier avec quelqu'un.

4. Est-ce que tu peux m'…… ce livre la semaine prochaine ?

7. Bâtir.

8. (Au restaurant) Ce soir, j'ai envie de fruits de mer, je vais …… des huîtres.

12 . Prendre son repas de midi.

14. Est-ce que je peux …… vous revoir ?

57 Les animaux (2)

*R*egardez les dessins et écrivez les noms dans la grille de mots croisés ci-dessous.

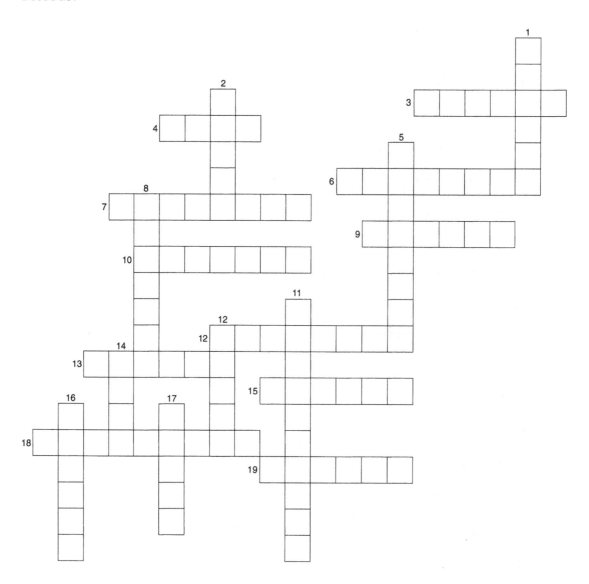

Horizontalement

Verticalement

131

58 Magasins (2)

*C*hoisissez les mots et expressions dans la liste ci-dessous et écrivez-les en face du magasin correspondant.

du bœuf	du déodorant	une poupée
un bracelet-montre	une échelle	des pinces
un carnet	faire une déclaration	des produits d'entretien
des cartes à jouer	de vol	une règle
des cartes de visite	faire nettoyer des	un réveil
changer de l'argent	vêtements	un rôti
des choses bon marché	faire le plein	du rouge à lèvres
et d'occasion	faire réparer des	un tournevis
un collier	chaussures	un train électrique
demander des informations	faire réparer	du vernis à ongles
touristiques	la voiture	de la viande hachée

1. À la boucherie ....

2. Au bureau de change ....

3. Chez le cordonnier ....

4. Chez le garagiste ....

5. Chez l'horloger-bijoutier ....

6. Au commissariat ....

7. À la droguerie ....

8. Au magasin de jouets ....

9. Au marché aux puces ....

10. À la papeterie ....

11. À la parfumerie ....

12. À la quincaillerie ....

13. À la station-service ....

14. Au syndicat d'initiative ....

15. À la teinturerie/au pressing ....

59 Panneaux

Terminez les mots ci-dessous.

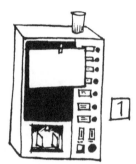  

EN P.....................   À L.............................   C.............................

     M.............................

NE P.....................   D.............................   P......................................

T.........................   DE F.........................   I......................................

S.V.P.

CHEF DU PERSONNEL

S..................... ET E.....................   S.....................

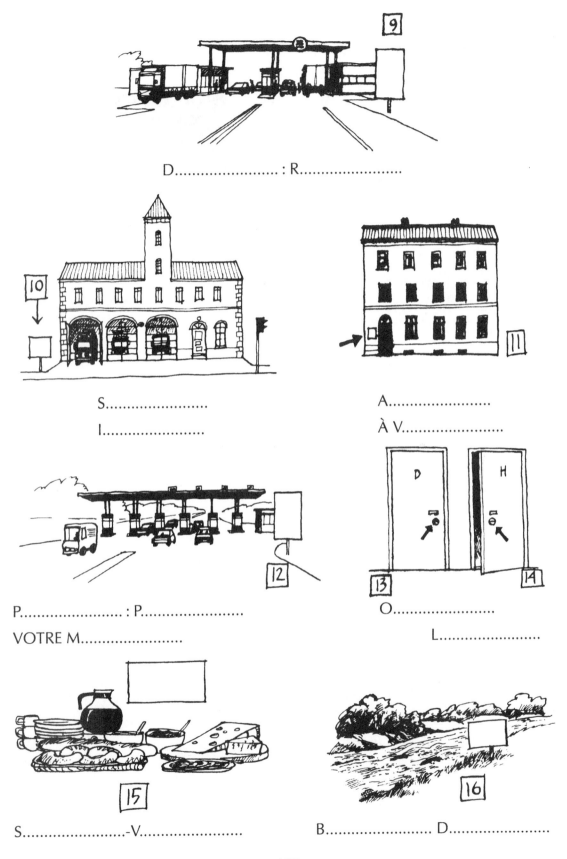

D...................... : R......................

S........................

I......................

A........................

À V........................

P...................... : P......................

VOTRE M........................

O........................

L........................

S........................ -V........................

B........................ D........................

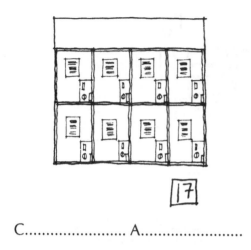

C........................ A........................

P........................ F........................

 **60** *Mots manquants (4) : Encore des verbes*

Associez les verbes suivants au mot ou à l'expression correspondants dans la liste de droite.

1.	enseigner	....
2.	garder	....
3.	s'intéresser	....
4.	obliger	....
5.	partager	....
6.	peindre	....
7.	persuader	....
8.	peser	....
9.	se plaindre	....
10.	plaire	....
11.	pleuvoir	....
12.	porter	....
13.	raconter	....
14.	reconnaître	....
15.	remercier	....
16.	rencontrer	....
17.	revenir	....
18.	se terminer	....

ma cuisine en rouge

un chapeau vert

à son chef d'un collègue

Le film devrait .... à 22 heures

la géographie

à torrents

de vacances en Corse

quelqu'un à payer ses impôts

la voisine dans l'escalier

des restes au réfrigérateur

un ami malgré sa barbe

Qu'est-ce qu'il faut faire pour te .... ?

quelqu'un de prendre un café avec moi

une histoire drôle

70 kilos

au football

quelqu'un de son aide

un gâteau en quatre

*É*crivez les mots suivants sous les titres correspondants (quatre mots sous chaque titre).

l'acier	le coffre	les oreillons
une alliance	un collier	le pare-brise
l'angine	un crabe	le persil
l'assassinat	des crevettes	le plomb
un avocat	le cuivre	un plombier
le bœuf bourguignon	des écrevisses	les pneus
des boucles d'oreilles	un facteur	la quiche lorraine
le bouleau	le fer	la ratatouille
un bracelet	la fraude	la rougeole
le cambriolage	les freins	le sapin
la cannelle	un gardien	le thym
le chêne	la grippe	le vol
la ciboulette	le hêtre	
le coq au vin	un homard	

Des arbres

....

....

....

....

Des bijoux

....

....

....

....

Crimes et délits

....

....

....

....

Des crustacés

....

....

....

....

Des herbes et des épices

....

....

....

....

Des maladies

....

....

....

....

Des métaux   Des métiers   Des plats

....

....

....

....

                    La voiture

                    ....

                    ....

                    ....

                    ....

62 Prépositions (4)

Complétez les phrases suivantes avec les prépositions qui conviennent.

1. Les personnes âgées souffrent souvent .... la solitude.

2. J'ai invité tous mes amis .... Jacqueline.

3. Il a toujours été mauvais .... physique.

4. Le courrier .... avion va plus vite que le courrier ordinaire.

5. Beaucoup de Suédois s'intéressent .... vins français.

6. Il ne boit que .... des verres en cristal.

7. .... le mauvais temps nous avons fait une sortie en bateau.

8. Pensez bien .... fermer la porte quand vous partirez.

9. La grand-mère de ma femme est morte .... vieillesse.

10. Les enfants sont très fiers .... leurs cadeaux de Noël.

11. Jeannette est folle .... chocolat.

12. .... la fin des émissions, la télévision britannique joue l'hymne national.

13. J'ai vu Pierre .... la rue ce matin.

14. Si vous n'aimez pas votre bureau, allez vous plaindre .... votre chef.

15. Mon voisin est très content .... sa nouvelle voiture.

16. Je vais toujours à Paris .... train.

17. Il ne se souvient jamais .... l'anniversaire de sa femme.

18. Est-ce que vous croyez .... Dieu ?

19. Faites attention .... la circulation quand vous traversez.

20. Les films de science-fiction plaisent beaucoup .... mon fils.

 **63** *Expressions manquantes*

Complétez les dialogues ci-dessous avec les expressions qui conviennent.

1. A : Atchoum !!!

    B : .... !

2. A : Je passe mon examen après-demain.

    B : .... !

3. A : Maman, nous allons danser à Sanary.

    B : .... !

4. Nous sommes le 24 décembre. Il est minuit.

    A : Bonnes Fêtes !

    B : .... !

5. Je me marie le mois prochain avec Stanislas.

    B : .... !

6. A : Je pars en voyage d'affaires à Toulouse demain, je reviens dans dix jours.

    B : .... !

7. Il est minuit, le 31 décembre.

    A : .... !

    B : .... !

8. Je pars pour les Seychelles pour trois semaines.

    B : .... !

9. La réunion a commencé à 14 heures. Il est 14 h 15. Bernard arrive et dit :

    « .... ! »

10. A : Je vais faire une course en ville, je ne serai pas long.

    B : .... !

11. A : (lève son verre) À votre succès, Michelle !

    B : .... !

Terminez les mots ci-dessous.

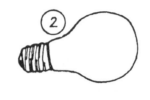

une a.............................

un s.............................

une l.............................

de p.............................

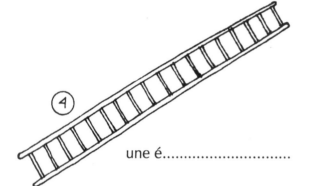

une é.............................

une m.............................

une v.............................

un t.............................

une n.............................

un p..........................

un p..........................

un s...................... à

m..............................

un p..........................

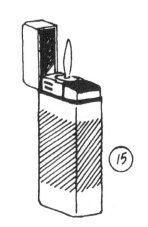

un c..........................

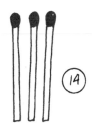

des a..........................

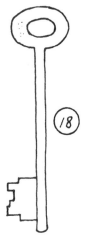

une p..........................

un b..........................

une m.......................... une c..........................

65 Faire-prendre-avoir-être

Choisissez dans la liste ci-dessous et écrivez sous les verbes correspondants.

l'air	le déjeuner	le pain
à l'heure	du Midi	pressé
l'avion	dix ans	une promenade
chaud	en retard	un rendez-vous
les courses	faim	soif
la cuisine	froid	sommeil

Faire

....

....

....

....

....

Prendre

....

....

....

....

....

Avoir

....

....

....

....

....

Être

....

....

....

....

....

Achevé d'imprimer en France par Dupli-Print à Domont (95) en août 2015
Dépôt légal : août 2015 – Collection n° 23 – Édition n° 21
N° d'impression : 2015072024
15/4930/2